난 무야! 선생님을 무척 좋아해!!

초일이

임미현

23년째 아이들과 울고 웃으며 학교살이를 즐기고 있는
초등학교 선생님입니다. 오래 교직에 몸담고 있다는 것이
화려한 훈장이 아니라 겸허한 이력이 되길 바랍니다.
교실에서 지내 온 시간이 어느 정도 쌓이니
아이들을 이해하는 마음의 여유가 생기고
종종 아이들 너머 부모님들의 마음까지 헤아려지곤 합니다.
그 마음이 닿는 곳에서 시작한 기록이 책으로 이어지게 될 줄은
꿈에도 생각지 못했습니다. 할 수 있을 때까지
아이들을 품고 때로는 아이들의 품 안에 살고 싶습니다.
학교라는 울타리 안 혹은 그 너머 함께 살아가는 사람들의
삶을 관찰하고 다양한 이야기들 속에 숨겨진 행복을 찾아
글과 그림으로 담아 내고 싶습니다.

초일이 © 임미현, 2023

2023년 2월 28일 1판 1쇄 찍음
가꿈: 김장성 I 꾸밈: 최수민 I 살림: 김선영 I 알림: 안정은
함께 만든 곳: 페이퍼프라이스, 다온피앤피, 아이엔북
펴낸이: 김장성 I 펴낸 곳: 이야기꽃 I 서울 마포구 연남로13길 17
전화 070-8797-1656 I 전송 02-6499-1657 I 전자우편 iyagikot@naver.com
ISBN 979-11-92102-15-3 03810

초일이

임미현 쓰고 그림

여는 글_ 초등 1학년이 궁금한 모든 분들께

"선생님도 아들딸 있어요?" 해마다 아이들에게 듣는 질문입니다. "그럼! 아들도 있고 딸도 있지." 답해 주면, "우리 학교 다녀요? 몇 학년이에요?" 또 묻습니다. "아니. 초등학생 아니고, 대학생이야." "…" 못내 아쉬워하는 '초일이'(초등학교 1학년 어린이를 부르는 애칭)들. 뭔가 공통점을 찾아 알은척을 하고 싶어 하는 순수한 마음이 귀여워 속으로 웃곤 합니다. 그러다 문득, '아, 나도 학부모였구나!' 정신이 번쩍 들기도 합니다.

제가 학부모를 졸업한 지는 얼마 되지 않았습니다. 대학생의 부모는 학부모라 부르지 않는다는 것도 얼마 전에 알았습니다. 학부모와 교사라는 두 가지 이름표를 달고 살았던 시절의 저는 백조 같았습니다. 두 발로 정신없이 발버둥을 치며 물 위에 겨우 떠 있으면서도 밖에서 볼 때는 우아한 '워킹맘'인 척 살았습니다. 아침에 뾰로통한 모습으로 교실에 들어서는 초일이의 모습을 볼 때면 아침 전쟁 후 패잔병의 모습으로 등교했을 아이의 얼굴이 떠오릅니다. 학부모 공개수업에서 부모님이 오시지 않았다고 우는 초일이를 보며 기대조차 못한 채 서운했을 아이의 마음을 뒤늦게 느끼기도 합니다. 더불어 집에서 혹은 일터에서 아이들을 생각하며 애잔한 마음을 끓이실 부모님들이 십분 공감되기도 합니다.

다시 오지 않을 아쉬운 시간에 대한 헛헛함을 배움으로 채우며 살았습니다. 부모 역할은 부족했지만 교사라는 이름표는 떳떳하게 달고 싶었던 것 같습니다. 가르치는 것이 업인데 학생들에게 내줄 것이 많지 않다는 불안감이 여러 가지 배움의 장으로 내달리게 했습니다.

교사의 이름으로 사는 삶은 행복했습니다. 일편단심 맹목적인 초일이들의 사랑은 그 어느 곳에서도 받을 수 없는 감동입니다. 사랑에 보답이라도 하듯 새롭게 배운 것을 어미 새의 마음으로 열심히 물어다 주었습니다. 초일이들은 아기 새처럼 적극적으로 받아들이고 온몸으로 행복함을 표출합니다. 이런 모습을 보고 있노라면 말할 수 없는 뿌듯함이 올라옵니다. 가르쳐 줘야 할 것이 많은 초일이들의 담임교사로 사는 것이 힘들게 느껴지는 때도 물론 있습니다. 하지만 초일이들의 순수한 동심이 빚어내는 아름다운 순간들에 힘겨움쯤이야 쉽게 묻히곤 합니다. 에너지가 다 소진되어 소파에 널브러져 저녁 뉴스를 보다가도 그 순간들을 떠올리면 배시시 웃음이 납니다.

어느 날, 이 작은 행복들을 기록해 보고 싶다는 생각이 들었습니다. 서랍 속에 넣어 두고 지칠 때마다 몰래 꺼내 먹는 나만의 비타민을 만들고 싶었습니다. 처음에는 사진과 간단한 글로 시작했습니다. 아직 솜씨가 부족한 탓에 초일이들이 만들어 내는 아름다운 찰나를 모두 묘사하기 어려웠습니다. 업무에 밀려 학교에서는 좀처럼 짬을 낼 수 없었고 퇴근 후 집에 오면 게으름 병이 도져서 좀처럼 진도가 나가지 않았습니다. 디지털 드로잉 공부를 해 보겠다고 큰맘 먹고 장만한 패드가 방치되는 것이 아까워 간단한 그림일기라도 그려 보자고 마음먹은 것이 이렇게 책으로까지 연결이 되었습니다. 온라인 연수를 통해 디지털 드로잉을 가르쳐 주시고 도전해 보라는 용기를 주신 유충충 작가님께 깊은 감사의 인사를 드리고 싶습니다. 부족한 글과 그림을 책으로 엮느라 너무 많은 애를 써 주신 출판사 분들께도 머리 숙여 감사드립니다.

이런 날이 올 줄 알았다면 초일이들이 만들어 내는 아름다움이 더욱 빛나도록 '글쓰기 공부를 좀 더 열심히 할 걸' 하는 후회가 밀려오기도 합니다. 그리고 우리 초일이들을 '조금 더 많이, 조금 더 자세히 관찰할 것을' 하는 아쉬움 또한 파도처럼 밀려옵니다. 나태주 시인의 말처럼 '자세히 보아야 예쁘고, 오래 보아야 사랑스럽다'는 것을 삶에서 절실히 깨닫습니다.

일생에서 학부모라는 이름을 갖고 사는 시간은 그리 길지 않습니다. 초등학교 입학에서 고등학교 졸업까지 정말 눈 깜짝할 사이에 지나간 것 같습니다. 학부모는 자녀가 학생이어야 가질 수 있는 이름이고 교사

또한 학생이 있어야 존재합니다. 학부모와 교사는 주야 근무조가 되어 아이들을 함께 보살핍니다. 서로가 정보를 공유하지 않고 서로를 도와줄 마음이 없다면 절대 아이들을 제대로 키울 수 없습니다.

  이 책에 시선이 머무신 분들은 분명 그런 마음의 준비를 마치신 분이라 생각합니다. 아직은 예비 학부모이지만 누구보다 좋은 학부모가 되기 위한 길을 찾고 계신 분들이시겠죠? '좋은'의 기준은 저마다 다르겠지만, 이 책이 그 길을 찾기 위한 나침반이 될 수 있기를 소망합니다. 그리고 지친 하루의 끝에 초일이들이 그려 낸 순수한 아름다움을 생각하며 저처럼 배시시 웃을 수 있기를 바랍니다. 그 웃음이 나도 모르게 불쑥 찾아오는 불안과 걱정을 살포시 덮어 줄 것입니다.

여는 글_ 초등 1학년이 궁금한 모든 분들께 4

1장. 입학에서 적응까지 "어서 와, 학교는 처음이지?" 11

첫 만남, 입학식 14 | 초일이 탐구 1. 줄서기 유형 18 | 초일이 탐구 2. 사진 찍기 유형 20 | 초일이 탐구 3. 준비물 유형 22 | 초일이 탐구 4. 신발 신기 유형 26 | 초일이 탐구 5. 급식 먹기 유형 28 | 초일이 탐구 6. 급식 회피 유형 31 | 초일이 밥 먹이기 34 | 깜빡깜빡 초일이 38 | 실내화의 주인은 누구! 41 | 학부모 상담과 첩보 수집 대작전 45 | "내가 다 열어 줄게!" 49 | 귀여운 나무늘보 53 | 돌봄교실 효과 57 | '금쪽같은' 초일이 61 | 화장실 대참사 66 | "똥 닦는 법을 알려 줄게요." 70 | 첫 학부모 공개 수업 73 | 진정한 여덟 살 77 | 초일이가 백일이 되면 80

2장. 수업과 일상 "등교, 수업, 놀이, 모든 게 다 공부란다." 85

첫술에 배부를 수는 없지 88 | 통합 교과 '봄' 수업 90 | 관찰과 상상, 씨앗 심기 93 | 계기 교육, "나무야, 고마워!" 96 | 놀면서 자라요 99 | 초일이들의 첫 체험 학습 102 | 도서관 나들이 106 | 초일이들에게 빨간 날은? 109 | 초일이들의 실내화 착용법 112 | 모기와의 전쟁 115 | 초일이들의 우산 정리법 119 | 꼼지락꼼지락, 뭐 하나 했더니 123 | 깜빡깜빡, 알림장! 126 | 초일이와 스마트폰 130 | 방과후 프로그램 134 | 어쨌든 즐거운 운동회 138 | '자연 미술'과 낙엽 지옥 142 | 외투 찾기 탐정 놀이 145 | 포스터를 그려 볼까? 148

3장. 공부 "느려도 괜찮아. 손잡고 같이 가자." 151

교과서 숨바꼭질 154 | 초일이는 (당연히) 까막눈 159 | 초일이는 (귀여운) 까막눈 163 | 초일이 ㄱㄴㄷ 166 | 숫자 '0'과 '비폭력 대화'? 169 | '쌍디귿'과 토끼띠 171 | 받침은 어려워 174 | 문장 만들기와 초일 '갬성' 177 | 수학 시간에도 초일 '갬성' 180 | 숫자 공부와 1004들 183 | 구몬을 해서? 그럼 나는? 186 | 보충 수업의 다양한 효과 188 | 주사위 '소확행' 192 | 초일이들의 받아쓰기 195 | 초일이들의 '좋겠다.' 199

4장. 가족, 친구, 선생님 "초일이들과 함께 성장해요." 203

초일이들의 공감 능력 206 | 초일이는 가족을 비추는 거울 211 | 초일이들의 동창회 215 | 초일이들의 편지 218 | 선생님이 뭐라고 1 221 | 선생님이 뭐라고 2 225 | '초대받은' 선생님 228 | 방과 후에 뭐하는지 말하지 않아도 232 | 초일이는 사랑꾼 234 | 부모님도 초일이? 237 | 가끔은 엄마처럼 239 | 가끔은 초일이처럼 242 | 선생님은 부자다? 245 | 좋아하면 닮는다더니 248 | 추석날 가족 생각 250 | 그리고 가족이 되었다 253 | 초일 샘은 농부? 255

5장. 동심 이토록 어여쁜 초일이들　　　　　　　　　　　　259

생일 축하하는 날 262 l 유토로 만든 선물 265 l 어찌 그걸 기억하고! 269 l 모두 다 꽃이야 272 l 가끔은 스토커? 275 l 얼마나 좋았으면 1 278 l 얼마나 좋았으면 2 281 l 초일이들의 꿈 285 l "이 상장을 드립니다." 288 l 이빨 뽑은 무용담 292 l 무거운 가방 속의 비밀 296 l 초일이는 발명가 299 l 초일 본능 302 l 개미알과 송홧가루 305 l 전지적 초일이 시점 308 l 초일이들의 언어 세계 310

6장. 코로나와 학교 "선생님도 코로나는 처음이에요."　　　　　　313

'신기한' 원격 수업 316 l "선생님 배터리가 떨어졌어요!" 318 l 줌 수업 때 흔한 일- 학생 편 321 l 줌 수업 때 흔한 일- 학부모 편 324 l 우여곡절 백신 접종 326 l 마스크와 구슬 지옥 328 l 진단 키트와 신박한 질문 330 l 확진자와 이중생활자 332 l 코로나도 동심은 못 이기지요 335

닫는 글_ 샛별 같은 초일이들이 더욱 빛날 수 있도록 338

담쌤의 깨알팁

입학식, 이것부터 준비해 주세요 17 l 준비물, 어떤 걸 챙겨줘야 할까요? 25 l 아이가 피해야 하는 음식이 있다면? 37 l 깜빡깜빡하는 아이들을 위해 44 l 학부모 상담, 이렇게 준비하세요 48 l 도와주는 게 오히려 해가 될 때도 있답니다 52 l 행동이 느린 아이들, 어떻게 지도할까요? 56 l 돌봄교실이 궁금하신가요? 60 l 자녀가 감정 조절을 잘 못한다고요? 64 l 배변 실수가 걱정되신다면 69 l 배변 뒤처리, 어떻게 가르쳐야 좋을까요? 72 l 공개 수업에 대하여 76 l 학교에서 다툼이나 말썽이 있었을 땐 어떻게 해야 할까요? 83 l 체험 학습(소풍) 준비, 이렇게 해 주세요 105 l 실내화는 이런 것을 준비해 주세요 114 l 여름엔 모기 조심! 118 l 초일이 우산은 이런 게 좋아요 122 l 알림장, 이런 쓸모가 있어요 128 l 스마트폰은 사용은? 133 l 방과후 프로그램은 137 l 요즘 운동회는요 141 l 수업 교재와 교과서 157 l 입학 전 한글 떼기? 162 l 보충 수업과 기초 학력 191 l 받아쓰기 지도는 이렇게 198 l 출결 처리는 이렇게 합니다 209 l 등교 직전엔 참아 주세요 214 l 방학일과 개학일은 어떻게? 224 l 공개 수업과 동료 장학 231 l 아이들 '작품'은 일단 칭찬부터 268 l 아이가 학교에 장난감을 가져가고 싶어한다면? 284 l 초일이의 친구 사귀기 291 l 초일이들의 구강 관리 295

1장. 입학에서 적응까지

"어서 와, 학교는 처음이지?"

올해도 1학년 담임!

교직 생활 어느덧 23년 동안, 1학년만 여덟 번을 맡았다. 그리 대단한 건 아니지만, 다들 웬만하면 피하고 싶어 하는 1학년 담임을 자청했으니 뿌듯함을 느껴도 되리라. 게다가 연달아 4년째라면 좀 더 생색을 내도 되지 않을까 싶다.

아이를 처음 학교에 보내는 부모님들만큼이나, 학교생활이 난생처음인 초일이들을 맡는 것은 힘들고 부담스러운 게 사실이다. 그래도 1학년 담임만이 누리는 장점을 찾는다면, 개학 첫날인 3월 2일 아침시간이 조금은 여유롭다는 것?

다른 학년은 9시부터 정신없이 일과를 시작하지만, 1학년 입학식은 보통 10시에 시작하므로 1시간 정도 여유를 가질 수 있다. 그렇다고 우아하게 커피를 마시면서 한가로운 시간을 즐기는 것은 아니다. 아이들 맞이할 준비가 잘 되었는지 여러 차례 확인하다 보면 나름 바쁘게 지나간다. 핵심은 그것이 설레는 시간이라는 점이다! 처음 만나는 아이들, 어떤 모습일까 그려 보며 한 해의 첫 시간을 설렘으로 채운다는 것은 분명 초1 담임만의 특권이라 할 수 있겠다.

그렇게 시작하는 입학식은 마치 올림픽 같다. 그동안 많은 시간을 들여 준비했던 결과를 입학식이라는 경기를 통해 확인받는 기분이랄까. 1월의 예비 소집일 이후 입학 명단이 확정되면 반 배정을 하고 본격적으로 입학식 준비에 들어간다. 아이들 수에 맞춰 입학 선물을 구입하고 적응 교재도 챙겨 둔다. 2월부터는 선물을 포장하고 축하 현수막을 맞추고 아이들 이름표를 신발장과 책상, 사물함에 하나씩 붙여 가며 잘못 입력한 이름이 없는지 여러 번 확인한다. 교실 뒤 게시판에 환영 문구를 붙이고 예쁜 꽃과 아이들의 이름을 새겨 넣은 나비를 오려 꾸며 놓는다. 요 몇 해 동안은 코로나로 교실에 들어올 수 없는 부모님들을 위해 건물 밖에 가족들이 함께 사진을 찍을 수 있는 포토존도 설치했다. 공휴일인 3월 1일에도 학교에 나와, 포토존에 달아 놓은 풍선이 꽃샘바람에 날아가지는 않을까 끈을 다시 동여매기를 여러 차례. 그 모든 수고는 입학식을 무사히 끝냈다는 안도감으로 보상받는다.

초일이들과 학부모들이 파도처럼 밀려왔다 밀려가고 나면 본격적으로 학교생활의 시작이다. 다음날부터 시작될 '학교생활 대장정'을 준비하느라 오후부터 다시 바빠진다. 특히 3월 한 달은 적응 기간으로 정말 다양한 것들을 가르쳐야 한다. 올해는 과연 어떤 추억을 쌓으며 한 해를 보내게 될까? 궁금함이 가득한 3월의 첫날이다.

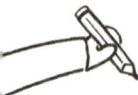 

첫 만남, 입학식

• • •

정신없는 입학식이 끝났다. 코로나로 학부모님들이 교실에 들어오지 못하는 상황이라 오롯이 아이들과 시간을 보낼 수 있었다. 가방을 메고 온 것인지 가방이 아이들을 담아 온 것인지 모를 만큼 작고 어리게만 느껴지는 초일이들. 마스크 위로 유난히 똘망똘망 빛나던 아이들의 눈빛을 다른 해보다 더욱 마음 깊이 새겼다. 아이들의 모습을 하나하나 다시 떠올리며 교실 정리를 하다가 문득, '지금 이곳은 혹시 이상한 나라?' 하며 킥킥거렸다. 해마다 분명 다른 아이들이 교실로 들어서는데 매번 비슷한 풍경이 펼쳐지는 까닭은 무얼까? 신비로운 초일이 세계! 마치 '이상한 나라의 앨리스'가 된 기분이다. 내일부터 진짜 초일이 세계가 활짝 열리게 된다! 한 해 동안 신비롭고 이상한 나라에서 멋진 추억을 차곡차곡 쌓아가 보자.

아자, 아자, 파이팅!

담쌤의 깨알팁

• • • 입학식, 이것부터 준비해 주세요

취학 통지서 받고, 예비 소집일을 거쳐 입학식을 기다리는 동안 많은 걱정과 고민이 있으셨을 겁니다. 충분히 공감합니다. 하지만 너무 염려 마세요. 생각보다 아이들의 적응력은 매우 뛰어납니다. 부모님이 불안해하시면 오히려 아이들마저 덩달아 불안해집니다. 부모님이 긴장하고 걱정하는 모습이 아이들에게 그대로 투영되어, '학교가 그렇게 무서운 곳인가?' 하며 아이들의 긴장도 커지는 것이지요.

입학을 앞두고 무엇보다 먼저 준비할 것은 긍정적인 마음입니다. "너 이러면 학교 가서 선생님한테 혼난다."라며 무턱대고 겁을 주거나 "이제 초등학생인데, 이런 것도 못하니?"라며 자존감을 무너뜨리는 말도 삼가 주세요. 학교에 호랑이 선생님들이 계신 것도 아니고, 아이들의 능력은 예측할 수도 없을 만큼 대단하니까요!

초일이 탐구 1. 줄서기 유형

갓 입학한 아이들에게 가장 먼저 가르쳐야 할 것은 줄서기다. 당장 입학 다음 날부터 급식실로 단체 이동을 해야 하니 줄을 지어 이동하는 방법을 알려 주는 것이 무엇보다 시급하다. 초일이들에게는 줄서기 개념이 거의 없다. 스스로 하길 기대하는 것보다 체스판에 말을 놓듯 한 명씩 붙잡고 자리를 잡아 주는 것이 훨씬 빠르다. 그리고 절대 잊어서는 안 되는 말, "움직이면 안 돼요!" 하지만 말 끝나기 무섭게 한쪽을 놓아 버린 고무줄처럼 흐늘흐늘 탄성을 잃어버린다. 탄성만 잃은 것이 아니라, 옆으로 혼자 삐져나와 있거나 아예 다른 자리에 가서 서는 아이들도 있다. 하지만 초일이들의 배움 속도는 빠르다. 며칠 지나면 탄성을 어느 정도 갖춘 고무줄로 다시 태어난다. 줄서기에 완전히 익숙해진다는 것은 학교라는 사회생활에 잘 적응된 '초등학생'이 되어 간다는 뜻이리라.

 ## 초일이 탐구 2. 사진 찍기 유형

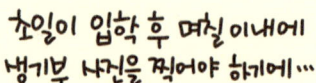
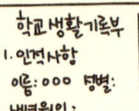

학교에 입학하면 아이들마다 생활기록부(줄여서 '생기부'라고 부르기도 함)가 생긴다. 거기에 아이들의 학적을 생성하고 기본 사항 입력과 함께 사진을 찍어 올려야 한다. 사진을 찍을 땐 카메라뿐만 아니라 사진 찍는 동안 아이들이 뭔가를 할 수 있는 활동거리도 함께 준비해 줘야 한다. 초1이들은 집중 시간이 짧기 때문에 빠른 시간에 스무 명 넘게 사진을 후다닥 찍을 수 있는 초인적 사진사 능력도 필요하다. 나머지 친구들이 안전하게 잘 있는지 수시로 살피며 한 명씩 불러 세워서 부지런히 사진을 찍어야 한다. 이렇게 정신없는 와중에, 사진 찍기 좋아하는 귀여운 초1이 덕분에 빵 터졌다. 뒷 번호 아이라 다른 친구들 사진 찍는 모습을 스무 번은 넘게 봤을 텐데, 아랑곳없는 저 개성은 무엇? 친구들을 참고해서 눈치껏 잘해 주길 바라는 것은 역시 나만의 과한 욕심이었다.

 초일이 탐구 3. 준비물 유형

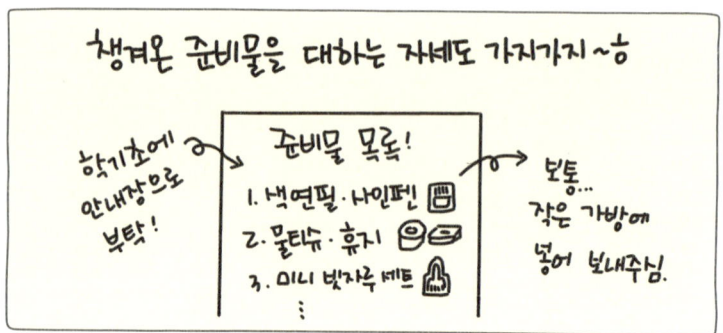

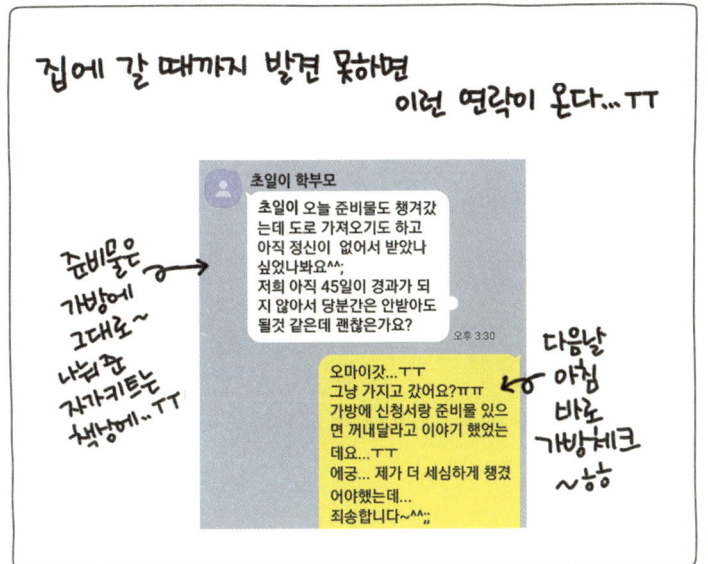

• • •

입학 다음 날부터 학교생활에 필요한 개인 준비물이 아이들의 가방을 타고 교실에 도착한다. 준비물을 대하는 초일이들의 자세도 정말 제각각이다. 이제 이틀째라 단언할 순 없지만, 준비물 정리하는 모습을 보면 어느 정도 아이들의 성향이 파악된다. 준비물을 챙겨 주신 부모님들의 성향도 조금 느껴진다. 오늘도 준비물과 한바탕 씨름하며 정신없는 하루를 보냈다. 반 아이들 모두가 한꺼번에 준비물을 가져오지 않은 것이 그나마 다행이다. 아이들을 보내고, 한동안 되풀이될 일에 마음을 다잡고 있어야겠다 생각하는 순간, 띵동! 문자 알림에 급 불안감이 올라왔다. 도대체 왜! 불안한 예감은 틀리는 적이 없는가. 조그만 몸으로 집에서 무겁게 메고 온 준비물을 도로 집으로 메고 가는 일이 해마다 반복된다. 마지막 순간까지 본다고 봤는데, 참 희한하다. 내일은 집에 보내기 전에 가방 확인을 더욱 철저히 해야겠다.

담쌤의 깨알팁

• • • **준비물, 어떤 걸 챙겨줘야 할까요?**

입학을 앞두고 큰 고민거리 중 하나가 바로 준비물 구입일 텐데요. 하나씩 차근차근 말씀드릴게요. 우선 가방과 신발주머니는 가볍고 간편한 것으로! 요즘은 개인 물통을 갖고 다니기 때문에 가방은 물통 주머니가 있는 것이 좋고, 아이 혼자 충분히 여닫을 수 있도록 큰 지퍼가 달린 것이 좋습니다. 신발주머니는 겨울에 두꺼운 신발도 잘 넣고 뺄 수 있도록 입구가 넓은 것이면 더 좋겠죠. 필통은 여러 가지 기능이 있는 것보다, 떨어져도 소리가 나지 않는 천 필통을 추천합니다. 연필은 최소 3자루 이상 잘 깎아서 필통에 넣어 주시고, 지우개는 딱딱한 캐릭터 지우개보다는 말랑말랑해서 잘 지워지는 것으로 구입해 주세요. 색연필이나 사인펜과 같은 채색 도구는 기본색으로 준비해 주셔도 괜찮습니다. 색이 너무 많은 것은 부피가 커서 책상 위에 놓고 사용하기 불편하거든요. 그 밖의 준비물은 학교의 안내에 따라 그때그때 준비해 주셔도 되니 너무 서둘러서 이것저것 미리 구입하지 않아도 좋습니다. 참, 모든 학용품에는 아이의 이름을 적어 주시는 거 잊지 마세요!

 ## 초일이 탐구 4. 신발 신기 유형

• • •

초1이들은 실내화 갈아 신는 모습도 정말 가지각색이다. 대부분은 혼자서도 척척 잘 갈아 신고 신발주머니도 야무지게 잘 챙긴다. 그런데 신발 갈아 신을 때도 자기만의 개성을 맘껏 뽐내는 녀석들이 꼭 있다. 뭐, 저마다 생김새가 다르듯 성향도 제각각이니까. 하지만 일단 양쪽 신발을 다 벗은 다음, 양말바람으로 차가운 시멘트 바닥을 딛고 서 있는 것도 모자라 아예 땅바닥에 털퍼덕 주저앉아 세월아 네월아 갈아 신는 모습을 보고 있노라면 내 엉덩이도 차갑게 시려 오는 것 같다. '털퍼덕'이 쭈그려 앉기가 되고, 뒤뚱뒤뚱 한 발 서기가 되고, 마침내 두 발로 당당히 서는 과정을 거치며 아이들은 성장하는 것이리라. 어떻든 씩씩하게만 자라다오.

 ## 초일이 탐구 5. 급식 먹기 유형

· · ·

초1이들에게 급식을 먹는 것은 참 중요한 일과 중 하나이다. 급식을 얼마나 좋아하는지, 가끔은 아이들이 학교에 오는 가장 큰 이유가 바로 급식을 먹기 위해서인가 보다 하는 순간도 있으니 말이다. 유치원에서 이미 접해 본 경험이 있어서인지 급식을 대하는 데에는 큰 어려움이 없지만, 먹는 모습은 정말 각양각색이다. 그런데 정말 신기한 것은 '급식 데자뷰'. 해마다 분명 다른 아이들이 입학하는데, 급식 먹는 모습은 너무나 비슷해서 작년 아이들인지 올해 아이들인지 분간이 안 된다는! 그래도 급식을 좋아하고 잘 먹어 줘서 얼마나 다행인지 모르겠다. 얘들아, 우리 1년 동안 급식 잘 먹고 쑥쑥 커 보자.

초일이 탐구 6. 급식 회피 유형

학교에서는 밥 먹는 것도 '교육 활동'의 하나. 교사들에게 점심시간은 쉬는 시간이 아니라 '지도' 시간이다. '급식 지도'. 식판을 받아 든 아이들의 표정을 보면 그날 급식 지도의 성패가 어느 정도 가늠된다. 요즘은 편식이 심한 아이들이 점점 더 많아져 표정의 편차도 점점 커지는 느낌이다. 먹기 싫은 음식은 코를 막고 먹기도 하고, 은근슬쩍 버리기도 하고, 매우 심각한 표정으로 마지막 순간까지 식판과 대치하기도 한다. 그런 모습을 보고 있노라면 마음이 약해지기도 하지만, 그렇다고 포기하면 급식 지도 실패! 무턱대고 못 먹겠다고 식판을 밀어내는 아이들도 별의별 꼬임으로 일단 하나 정도는 먹게 해 보는데, 이 과정이 결코 쉬운 게 아니다. 환경오염 이야기부터 시작해서 아프리카 아이들의 마음 아픈 이야기까지 총동원해서 꼬시고 또 꼬셔야 한다. 그러다 보면 표정과는 별개로 열심히 먹는 척, 골고루 먹는 척하는 아이들이 하나둘 늘어 간다. 내 경우를 생각해 봐도 그렇다. 어릴 때 싫어하던 콩밥이나 뭇국 같은 것도 어른이 되자 맛있어진 건, 그래도 어릴 때 먹어본 경험이 있기 때문이리라. 그러니 얘들아, 인생을 풍성하게 살고 싶거든 한 가지라도 더 먹어 보거라. 격한 응원을 보낸다.

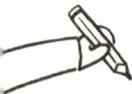# 초일이 밥 먹이기

• • •

'한 아이를 키우기 위해 온 마을이 필요하다.'라는 아프리카 속담처럼, 초잎이들이 잘 자라기 위해서는 온 학교 구성원의 협조가 필요하다. 보건실, 상담실, 교무실도 그렇지만, 매일 밥을 먹는 급식실과의 공조는 반드시 필요하다. 학교에서 일하시는 분들은 업무에만 전문적인 게 아니라 아이들 파악도 매우 전문적이다. 많은 아이들을 일일이 기억하기 어려울 텐데, 영양사 샘을 비롯한 급식실 식구들이 오래지 않아 아이들 하나하나의 식성을 어느 정도 파악하시는 모습을 보면 경외심까지 느껴진다. 모든 학교 가족들의 끼니를 준비해 주시고, 아이들에게 하나라도 더 먹이기 위해 애써 주심에 진심으로 감사드린다.

담쌤의 깨알팁

아이가 피해야 하는 음식이 있다면?

자녀가 특정 음식에 알레르기 반응이 있는 경우, 담임교사에게 미리 말씀해 주시는 것은 물론이거니와 아이에게도 강조해서 말씀해 주세요. 학교에서 매월 급식 소식을 알리고 있으니 식단을 미리 확인하는 건 필수. 피해야 할 음식이 있다면 아침에 등교할 때 아이에게 한 번 더 강조해서 말씀해 주세요. 그러면 초일이들은 교실에 들어서자마자 중대 보고라도 하듯 담임교사에게 알려 주거든요. 스무 명 넘는 반 아이들의 상황을 늘 기억하기란 쉽지 않기 때문에 이렇게 먼저 와서 이야기해 주면 얼마나 고마운지 모른답니다.

# 깜빡깜빡 초일이

• • •

교사가 초일이들한테서 가장 많이 듣는 말 중 하나는 바로 "앗, 깜빡했다!" 초일이들이 가장 많이 깜빡하는 물건 중 하나는 바로 신발주머니. 신발주머니를 안 가져오는 초일이의 모습은 매우 자주 보게 되니 어느 정도 익숙하다. 그런데 가방을 깜빡했다니…! 황당함에 웃음이 먼저 나왔다. 가방 사건만으로도 놀라운데, 오늘은 실내화 없이 신발만 두 켤레? 이런 경우는 처음이라 어떻게 대처해야 할지…. 아침에 아무 생각 없이 집어 온 신발주머니에 어제 신었던 운동화가 들어 있는 것을 보고 초일이 본인도 적잖이 놀란 눈치다. 진짜 깜빡깜빡 귀여운 초일이다.

실내화의 주인은 누구?

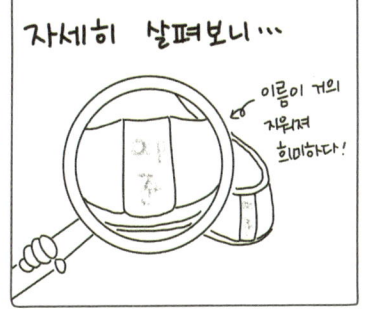

초일이들과 함께 지내다 보면 물건 찾아 주는 탐정 역할도 자주 하게 된다. 물건을 잃어버렸다고 울상이 되어 다가오는 아이에게 "이름 적혀 있니?" 간절한 맘으로 묻게 되는데, 이럴 때 "네, 적혀 있어요."라고 대답해 주면 감사의 인사가 절로 나온다. 하지만 "아니오."라는 대답을 들으면 순간 절망감이 가득 차오른다. 그때부터는 작은 단서라도 하나씩 모아서 탐정 놀이를 시작해야 한다. 그런데 아무리 깜빡이 초일이지만 입고 있던 옷이나 신고 있던 실내화까지 깜빡하다니! ㅎㅎ 웃음밖에 나오지 않는다. 그래도 오늘 탐정 놀이는 대성공이어서 기쁘다.

담쌤의 깨알팁

깜빡깜빡하는 아이들을 위해

초일이들 물건에 이름 써 주기는 무엇보다 중요한 일입니다. "아휴, 이런 것을 잃어버리겠어?"라고 방심하고 그냥 보내 주시면 하루 종일 '물건 찾아 삼만리' 영화를 찍게 되기 일쑤지요. 학용품뿐만 아니라 학교에 올 때 걸치거나 소지하는 모든 것에 이름을 적어 주시면 좋습니다. 실내화는 뒤축에, 외투는 사이즈가 적혀 있는 라벨에 작게라도 이름을 적어 주시면 잃어버렸거나 바뀌었을 때 찾아 주기가 매우 좋습니다. 세탁을 해도 잘 지워지지 않는 매직이나 네임펜을 사용하는 건 필수.

학부모 상담과 첩보 수집 대작전

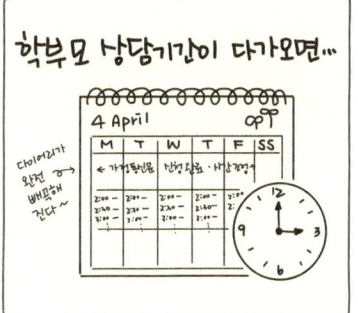

● ● ● ●

학부모 상담 주간이 다가오면 몇 주 전부터 마음이 바쁘다. 특히 1학기 상담 때는 아이들을 만난 지 이제 겨우 한 달 정도 지났는데 무슨 말씀을 드려야 할지 고민이 된다. 서당 개 삼 년이면 풍월을 읊는다고, 어깨 너머 배워 온 이런저런 상담 기법들을 잘 모아서 읊을 풍월을 준비해 본다. 하지만 의미 있는 정보를 나누기 위해서는 나의 풍월보다 학부모님들과의 '티키타카'가 더욱 중요하다. 입에서 단내가 나는 나날이지만 아이들에 대한 소중한 정보를 얻게 되면 천군만마를 얻은 기분이 든다. 그리고 다음 날 아이를 만나면 어제보다 한층 더 가까워진 느낌!

담쌤의 깨알팁

학부모 상담, 이렇게 준비하셔요 ● ● ●

학부모 상담 때 학부모님들도 학교에 가서 무슨 이야기를 해야 하나, 고민되시지요? 담임선생님과 '주고받기 놀이'한다고 생각하세요. 공 대신에 아이에 대한 정보를 주고받는 것이지요. 아이가 학교생활을 잘하는지 궁금하시겠지만, 마냥 듣기만 하시면 놀이는 실패. 학교생활 정보를 하나 들으시면 가정생활 정보도 하나 주셔야 합니다. 우리 초일이들을 온전히 이해하고 잘 키우려면 아이를 객관적으로 바라보며 서로의 역할을 인지하고 필요한 부분을 함께 채워 가야 합니다. 그저 서로 듣기 좋은 이야기만 늘어놓기에는 그 시간이 너무 짧습니다. 담임교사를 만난다는 부담을 내려놓고 편한 마음으로 '있는 그대로의 아이 이야기'를 나누면 된답니다.

"내가 다 열어 줄게!"

이 책이 나왔을 때 얼마나 반가웠는지...

초1교실에서는 별걸 다 열어줘야 한다...

벅-걱!

요렇게 착착 열어주는 누군가 있어주면 좋겠다~^^

열어주기는 등교와 함께 시작된다!

선생님! 앞에 요거 열어주세요.

물음표 가방에 요런 버튼이...

겨울에는 패딩지퍼도...

선생님! 옷을 못 벗겠어요.

뒤집어 보면 지퍼에 천이 끼어 있다~

그림책을 읽다 보면 어쩜 이렇게 내 마음을 잘 알고 있을까 감탄하는 경우가 많다. 작가의 기발한 상상력과 재치가 아이들의 순수함과 결합되면 하나의 예술 작품이 될 수 있구나 하는 느낌을 받기도 한다. 요시타케 신스케 작가의 작품은 더욱 그렇다. 《내가 다 열어 줄게》는 모든 일에 서툰 초일이들과 함께하는 교사의 애로 사항을 알아주는 그림책인 것 같아서 더욱 반가웠다. 열어 주고 풀어 주고, 때로는 닫아 주고 묶어 주는 일의 끝없는 반복 속에서 주인공과 같은 '열기 대장'이 곁에 있다면 얼마나 좋을까 하는, 즐거운 상상을 해 본다.

담쌤의 깨알팁

도와주는 게 오히려 해가 될 때도 있답니다 ● ● ●

아이들이 무언가를 하느라 낑낑거릴 땐 안타까우시지요? 내가 해 주면 금방 해결될 텐데 싶기도 하고요. 하지만 다 해 주는 건 성장을 가로막는 일. 음료수 뚜껑이나 과자 봉지 여는 일부터 아이들이 먼저 도전해 볼 수 있도록 해 주세요. 이런 연습을 자주 하다 보면 점점 소근육이 발달하고 손끝이 더 야물어진답니다. 참, 부모님들 가운데 혹여 이빨로 병뚜껑을 따는 분들이 계시다면, 아이들에게 절대 그런 모습은 보여주지 마시길요. 음료수를 보자마자 뚜껑에 이부터 갖다 대는 아이들이 있거든요. 무엇보다 이가 상할 수 있고, 뚜껑이 잇자국으로 어그러지면 대신 열어 주기 어려운 상황이 생기기도 합니다. 아이들이 서투른 건 당연한 일, "에이, 이것도 못해?"하지 마시고 차근차근 요령을 알려 주세요. 도전에 성공할 때마다 격한 리액션도 잊지 마시고요!

귀여운 나무늘보

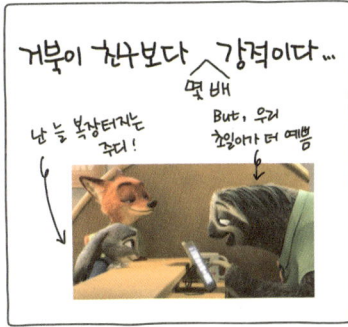

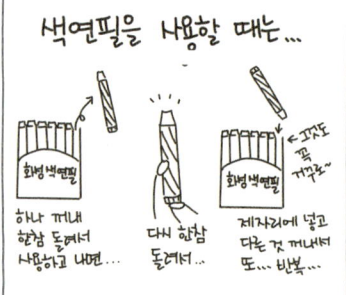
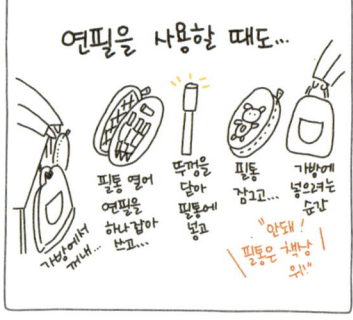

매번 느끼지만 아이들의 성향은 참 다양하다. 역시 매번 느끼는 건, 해마다 비슷한 유형의 아이들이 꼭 새 교실에도 등장한다는 것. 대표적인 유형이 '느릿느릿 스타일', 세월아 네월아 하며 담쌤의 인내심을 측정하는 아이들이다. 그런데 올해는 강적 중의 강적을 만났다. 이 녀석을 볼 때마다 〈주토피아〉에 나오는 나무늘보가 떠오른다. 나는 그 옆에서 복장 터지는 주디. 처음에는 어떻게 가르쳐야 하나 난감했는데, 그래도 세월이 약이라고 시간이 지날수록 조금씩 빨라지니 다행이다. 아니, 어쩌면 내가 나무늘보에게 익숙해져 가는 중? ㅎㅎ 그래도 안 한다고는 하지 않으니 옆에서 보채는 시간을 줄이고 인내심을 좀 더 길러 보는 걸로.

담쌤의 깨알팁

행동이 느린 아이들, 어떻게 지도할까요?

행동이 느린 것은 아이의 타고난 성향이니 그대로 인정하고 이해해 줘야 합니다. 하지만 단체 생활을 하는 학교에서 다른 친구들에 비해 지나치게 느리면 적응하기가 어려울 수도 있지요. 해야 할 일을 제시간에 마치지 못해 쉬는 시간까지 붙들고 있어야 하고, 그러다 보면 할 일이 점점 쌓이니 본인에게도 스트레스가 될 수 있습니다. 자칫하면, 느릴 뿐인데 '못하는 아이'로 낙인찍힐 수도 있고요. 천천히 할 수 있도록 시간을 주는 것은 가능하지만, 하지 않아도 된다고 허락할 수는 없습니다. 그럼, 어떻게 해야 할까요? 다그치는 것은 오히려 도움이 되지 않습니다. 큰 과제를 작게 나누어 주세요. 그리고 정해진 시간 안에 해결하는 연습을 하면서 작은 성취감을 자주 느끼게 해 주세요. 그러다 보면 금방은 아니라도 조금씩 나아질 겁니다.

돌봄교실 효과

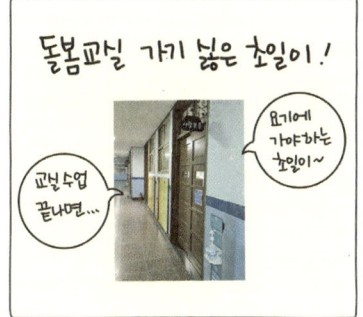

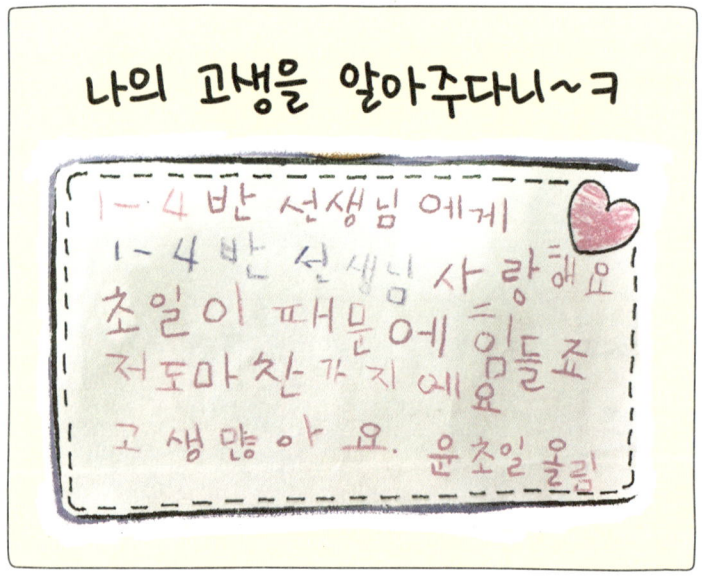

수업을 마치고 나면 돌봄교실에 가야 하는 초일이들이 있다. 대개는 돌봄교실을 좋아하는데, 올해는 특이하게도 돌봄교실에 보낼 때마다 실랑이를 해야 하는 초일이가 등장했다. '워낙 에너지 넘치는 녀석이니 좁은 교실에 계속 앉아 있기 싫겠지.' 하며 그 마음을 헤아려 주다가도 실랑이가 길어지면 슬슬 부아가 나기도 한다. 아이 마음을 이해 못하는 것은 아니지만 아이들 다 보내고 나서 얼른 마스크 벗고 쉬고 싶은 내 마음은 어쩌란 말이냐. 이 아이와 한참 씨름하고 나면 달달한 커피와 함께 좋아하는 음악 들으며 충전을 해야 오후 업무 처리가 가능하다. 그런데 오늘은 돌봄교실의 다른 초일이가 준 카드 덕분에 초고속 충전 완료됐다. 카드를 읽고 빵 터짐과 동시에 동병상련의 마음으로 든든함까지 더해져 행복한 오후 시간을 보낼 수 있었다.

담쌤의 깨알팁

돌봄교실이 궁금하신가요? ● ● ●

돌봄교실에 대해 궁금한 점이 많으실 것 같아 몇 가지 안내를 드립니다. 돌봄교실은 1,2학년 맞벌이 가정의 아이를 대상으로 하교 후 '나 홀로 집에' 아이들을 보호하기 위해 만들어진 방과 후 교실입니다. 신청 조건은 맞벌이나 한부모, 저소득층 가정 우선이고 선발 기준은 학교마다 조금씩 다를 수 있습니다. 학교에 따라 오후 돌봄이 아니라 저녁 시간까지 연장해서 운영하는 경우도 있습니다. 신청이 적은 경우에는 신청한 아이들 모두 수용이 가능해서 별도의 선발 과정을 거치지 않기도 하지만, 일부 학교에서는 추첨으로 뽑는 경우도 있습니다. 학교마다 운영하는 방식이 조금씩 다를 수 있으니, 구체적인 것은 자녀의 학교에 문의하는 것이 가장 확실합니다.

'금쪽같은' 초일이

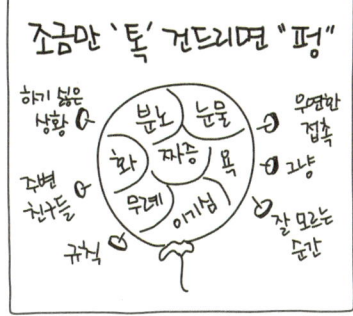

'금쪽'이라는 말뜻은 '아주 귀한 것을 비유적으로 이르는' 것인데, 한 방송 프로그램의 영향으로 다소 왜곡되어 사용되는 것 같아 안타깝다. 텔레비전에서나 볼 수 있을 것 같은 '금쪽이'들이 교실에도 있다. 점점 수도 많아지고 강도가 세게 느껴지는 것은 나만의 착각일까? 칭찬으로 어르고 달래 보기도 하고 유치하다 생각하면서 같이 신경전을 벌이기도 하고 꾸역꾸역 참았던 화를 내 보기도 하면서 함께 '교실에서 살아남기'를 하고 있다. 학기 초에는 아이에 대해 전혀 모르는 상태에서 부딪치기 때문에 예상치 못한 일들이 폭탄처럼 느껴졌는데, 좌충우돌하며 함께 보내다 보니 이제 작은 폭죽이 되었다. 언제 또 터질지 모를 불안감은 항상 있지만 한 번 터져도 마무리하는 시간이 조금씩 줄고 있어 고마울 뿐.

담쌤의 깨알팁

자녀가 감정 조절을 잘 못한다고요?

초일이들에게 '장애'라는 말을 쉽게 붙일 수 없겠지만, 분노 조절 장애가 의심되는 아이들이 있습니다. 화가 나는 상황에서 분노를 조절하지 못하고 폭력적인 행동으로 표출하는 아이들이 교실에 있으면 여러모로 힘들지요. 학교생활을 정상적으로 하기 어렵고, 사회성이 한창 발달해야 하는 시기에 교우 관계에도 부정적인 영향을 끼칠 수 있습니다. 본인은 누구보다 더 힘든 고충을 겪어야겠죠. 시간이 흐를수록 갈등의 골과 상처가 깊어질 수 있으니 빠른 개입과 정확한 원인 파악이 중요합니다. 담임교사와 지속적으로 상담하면서 학교 안에 있는 Wee* 상담교사의 도움을 받을 수 있고, 때에 따라서는 전문 의료진과의 상담이 필

* 학교, 교육청, 지역사회가 연계하여 학생들의 건강하고 즐거운 학교생활을 지원하는 서비스망입니다. 학교에는 Wee클래스, 지역교육지원청에는 Wee센터, 시·도교육청에는 Wee스쿨이 운영되며, 게임중독, 진로, 성격, 학교폭력 등의 문제를 겪는 학생과 학부모들을 심리상담 등의 방법으로 도와줍니다.

요할 수도 있습니다. 아이가 감정 조절에 어려움을 겪는 모습을 보인다면, 평소 감정에 대한 이야기를 자주 나누어 세상에는 다양한 감정과 표현 방법이 있다는 걸 알게 해 주세요. 감정 표현에 서툰 아이들은 짜증, 실망, 좌절, 슬픔 등의 부정적인 감정을 모두 '화'로 표출하는 경우가 많거든요. 화가 날 때 무엇 때문에 화가 났는지 먼저 살펴보고, 말로 표현해 보게 합니다. 이때 아이의 감정을 이해해 주고 충분히 공감해 주는 것이 중요하겠지요. 어린아이들에게는 아직 자기의 감정을 알아차리는 것도 조절하는 것도 어려운 일일 것입니다. 자전거 타기를 가르치듯 감정 조절하기를 가르친다고 생각해 보세요. 처음부터 잘 할 수는 없겠지요. 많이 도와주어야겠지만 여러 번 반복하다 보면 아이들도 스스로 감정을 조절할 수 있는 능력이 생길 겁니다.

화장실 대참사

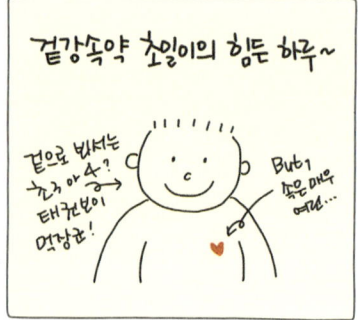

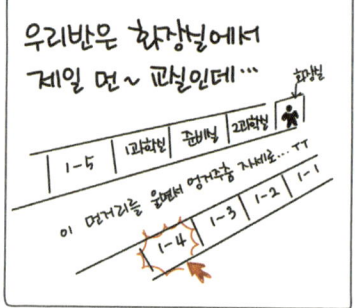

· · ·

초일이 교실에서는 화장실 관련 에피소드도 자주 생긴다. 입학 초에는 화장실 뒤처리를 어려워하는 친구들도 있고 평소에 잘 하다가도 그날그날 컨디션에 따라 달라지기도 하니 매일매일 예측불허다. 감기가 유행하는 철이 되면 장염까지 곧잘 오니 비상사태가 자주 일어난다. 그런데 오늘은 그동안 겪었던 화장실 참사 중 단연 강력한 대참사가 있었으니…. 오늘의 주인공은 '겉강속약' 초일이! 원더우먼 모드로 대참사를 해결하고 누구에게나 있을 수 있는 일이라며 간신히 진정시켜서 수업을 마쳤다. 부모님께 연락해서 상황 설명을 하고 송구스러운 감사 인사도 받았다. 나에겐 평생 잊지 못할 날 중 하나인데 우리 초일이는 나중에 나를 기억이나 해 줄까?

담쌤의 깨알팁

배변 실수가 걱정되신다면

학습 준비물을 안내할 때 여분의 속옷과 바지를 챙겨 달라고 부탁드리곤 합니다. 한 해 동안 한 번도 쓰지 않고 그대로 가정으로 돌려보내는 경우도 있지만, 비상 상황이 벌어졌을 때는 너무나도 요긴하게 사용할 수 있습니다. 꼭 화장실 참사만을 대비하기 위한 건 아닙니다. 물이나 급식을 쏟았을 때, 그림을 그리다가 물감이 과하게 묻었을 때, 과격한 놀이에 바지가 틀어졌을 때 등, 초일이 교실에서는 아주 유용하게 사용됩니다. 속옷과 그리 두껍지 않은 바지를 비닐봉투에 담아 보내어 사물함에 보관할 수 있게 해 주시면, 초일이도 좋고 담임교사도 좋고 부모님께서도 마음이 놓이실 거예요.

"똥 닦는 법을 알려 줄게요."

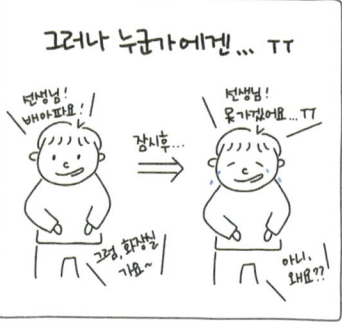

• • •

올해는 유난히 화장실 문제가 잦다. 보통은 원더우먼처럼 달려가 해결해 주면 되는데 올해는 또 다른 스타일의 화장실 문제를 안고 있는 초1이가 있어 걱정이다. 화장실에 혼자 있기 무섭다고, 혹은 혼자 뒤처리를 할 수 없다며 자꾸 울면서 교실로 되돌아온다. 일단 달래서 보내 놓고 교실과 화장실을 왔다갔다 뛰어다니며 봐 주기도 하는데, 날마다 그럴 순 없다. 그나마 쉬는 시간에는 괜찮은데 수업 시간에는 곤란하니 부모님과 통화해서 뒤처리 연습을 부탁드려 보기도 하지만, 당장 학교에서 문제 해결이 시급하니 나만의 묘책이 필요했다. 그래서 찾아낸 것이 그림책 《슈퍼 히어로의 똥 닦는 법》. 책 속 똥 도사가 알려 주는 똥 닦는 법을 하나씩 소개하면서 같이 웃기도 하고 신기해하기도 하며 가상의 연습까지! 제발 이 묘책이 빨리 통해서 우리 초1이들 모두가 화장실 뒤처리의 달인이 되면 좋겠다.

담쌤의 깨알팁

배변 뒤처리, 어떻게 가르쳐야 좋을까요?

보통 교실에는 스무 명이 넘는 아이들이 함께 있어서 교사가 한 아이만 바라보고 있을 수 없어요. 교실에서 일어나는 문제는 그나마 같은 공간에서 해결할 수 있어서 다행인데, 화장실의 경우는 매우 난감하답니다. 학교에 보내기 전에 뒤처리 연습을 많이 시켜 주시길 부탁드려요. 가정의 화장실과 학교의 화장실은 다를 수 있으니 이에 대해서도 충분히 이야기해 주시면 좋겠습니다. 학교 화장실에서는 볼일을 못 보겠다고 울다가 결국 집에 가서 보고 오는 초일이들도 있거든요. 똥 닦는 법을 알려 주는 그림책을 활용하는 것도 좋겠지요? 아이와 같이 읽으면서 이야기도 재미나게 나누고 연습도 해 보면 어떨까요? 사실 어른들도 제대로 배운 적은 없을 테니까요.

첫 학부모 공개 수업

학부모님들이 학교에 오시는 날, 초임이들은 아침부터 엄청 들떠 있다. 내 아이가 학교생활을 잘 하는지 부모님들이 보러 오는 날인데, 어떤 초임이는 수업 시간 내내 뒤돌아 앉아서 오히려 부모님 감시를 하고 있다. 부모님을 모시고 수업을 하는 설렘에 아이들의 들뜸이 겹쳐 나 또한 살짝 흥분되는 날이기도 하다. 하지만 사정이 있어서 부모님이 오시지 못한 아이들의 슬픈 얼굴을 볼 땐 내 마음 한쪽이 너무 아프다. 그래서 비장의 무기를 꺼낸다. "얘들아, 선생님도 학부모 공개 수업 한 번도 못 갔어. 그런데 선생님 아들딸은 씩씩하게 안 울었대!" 이 한마디에 아이들 눈에서 또르륵 흘러내릴 것 같던 눈물이 쏘옥 들어간다. 금방 잊고 다시 지금 여기에 집중할 수 있는 그 순수함이 고맙다. 다 지나간 일이지만, 우리 집에 있는 애들한테는 너무 미안한 마음이 들면서 말이다.

담쌤의 깨알팁

공개 수업에 대하여

학부모 공개 수업은 1년에 1회 혹은 2회 운영됩니다. 코로나로 잠시 멈추기도 했고 비대면 공개 수업을 하기도 했는데요. 이제는 대면으로 진행하는 학교가 많습니다. 학부모 공개 수업을 앞두고 직장에 다니시는 학부모님들은 걱정이 많으실 텐데요, 교사인 저 역시 '워킹맘'이라 제 아이들의 학부모 공개 수업엔 한 번도 간 적이 없습니다. 아이에게 상대적인 박탈감을 준다며 아예 없애 달라고 요구하는 부모님들도 계시지만, 학부모 공개 수업은 가정과 학교의 소통에 도움이 되는 프로그램인 게 사실입니다. 직장에서 시간을 빼기 어려운 분들은 아이가 이해할 수 있도록 사전에 충분히 이야기를 나눠 주세요. 그리고 퇴근하셔서 "선생님이 그러시는데, 우리 초일이 오늘 씩씩하게 수업 잘했다면서? 정말 자랑스러워."라고 담임교사를 팔아서라도 자존감을 팍팍 올려 주시면 어떨까요? 그러면 초일이는 '우리 엄마 아빠가 오시진 못해도 늘 관심은 갖고 계시는구나.' 하고 위로받을 수 있겠지요?

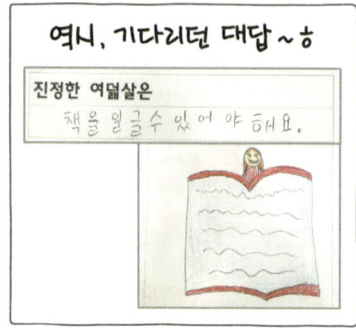

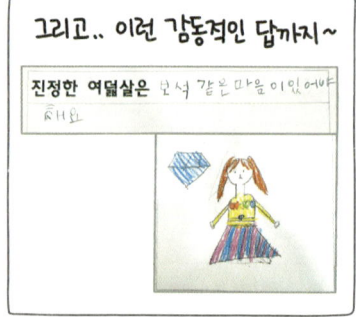

초일이 생활 지도를 위해서는 다양한 비법들이 필요하다. 거의 매일 약장사 마인드로 이렇게도 꼬셔 보고 저렇게도 꼬셔 보는데, 그냥 말로 하는 것보다 자료를 보여주면 확실히 효과가 좋다. 가장 잘 통하는 비법 중 하나가 바로 그림책 《진정한 일곱 살》이다. 일단, "얘들아, 일곱 살도 이렇게 행동하는데, 우리 여덟 살 친구들은 더 잘하겠지?"라고 분위기를 조성한다. 그리고 무언가를 잘 해낼 때마다 "우와! 진정한 여덟 살 맞구나!" 한마디만 해 주면 한동안 생활 지도가 순탄해진다. 말 한마디의 위대한 힘이 절실히 느껴지는 순간이다. 초일이들이 그만큼 순수하다는 말이기도 하겠지? 이 약발, 부디 오래가기만 해 다오.

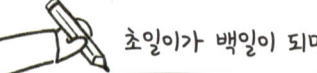

초일이가 백일이 되면

• • •

백일의 의미가 새록새록 느껴지는 요즈음이다. 적응이 어느 정도 된 초일이는 학교생활도 척척 잘하지만 장난도 심해져서 친구들과 다툼도 잦아지고 잔소리 들을 일도 늘어난다. 다툼이 일어나면 학부모님들과 연락할 일이 많아지는데, 편치 않은 이야기를 꺼내는 순간에는 내 심장이 잔뜩 쪼그라드는 것 같다. 잘 이해해 주시고, 함께 잘 지도해 보자는 제안에 흔쾌히 응해 주시는 학부모님과의 통화는 쪼그라들었던 심장에 호호 바람을 불어넣어 준다. 학부모의 이해와 협조가 얼마나 중요한지 또 얼마나 감사한지 많이 느끼는 요즈음이다.

담쌤의 깨알팁

학교에서 다툼이나 말썽이 있었을 땐 어떻게 해야 할까요?

. . .

오해하시는 분들도 계실까 말하기 조심스럽습니다만, 학교에서 있었던 일을 전하는 아이의 말을 대부분 믿어 줘야겠지만, 저학년 아이들은 지극히 자기중심적이라는 것을 감안하고 들어주는 게 좋습니다. 그리고 누구의 잘잘못을 따지기보다는 어떤 상황이었는지 물어보면서 아이의 감정을 먼저 읽어 주시길 부탁 드립니다. "그런 일이 있어서 많이 속상했겠네." 하면서 편안한 분위기를 만들어 주고 차분하게 어떤 일이 있었는지 물어 주세요. 보통 교실에서 좋지 않은 일이 발생하면 담임교사가 학부모님께 연락을 드리지만, 교사와 통화하기 전에 아이의 이야기를 먼저 들으실 수도 있거든요. 아이의 행동을 평가하기보다는, 다툼의 상대는 마음이 어땠을지 물어보며 공감 능력을 키워 주시고, 아이가 잘 대처하고 있다면 부드럽게 안아 주며 격려해 주시고 부족하게 느껴지는 부분이 있다면 앞으로 어떻게 하면 좋을지 함께 이야기 나눠 주시면 좋겠습니다.

2장. 수업과 일상

"등교, 수업, 놀이, 모든 게 다 공부란다."

"학교는 왜 오는 걸까?" 아이들에게 슬쩍 질문을 던져 보았다.

"공부하러요." 잠시의 망설임도 없이 아이들이 내놓는 답은 한결같다. 그럼 또 묻는다. "어떤 공부를 하러 오지?"

그것도 몰라서 묻는 거냐는 표정으로, "한글 공부도 하고 수학도 배우러 오는 거잖아요." 한다.

"아, 그렇구나. 그럼 배운다는 건 뭘까?"

이쯤 되면 "으악~!" 비명소리가 여기저기서 터져 나온다.

이때, 슬며시 《배운다는 건 뭘까?》 그림책을 읽어 준다. 개인적으로 참 좋아하는 그림책인데 내용이 다소 철학적이어서 아이들이 좋아할까 싶지만, 아이들은 이내 그림책 세계로 쏙 빠져든다.

책을 읽어 주고 나서, "학교에 와서 친구랑 선생님을 만나는 것도 공부고, 우리가 서로 이야기 나누는 것도 공부야. 친구들과 노는 것도, 책을 읽는 것도 모두 모두 공부란다. 그러고 보니 학교에 와서 생활하는 모든 것이 공부네."라고 말해 준다. 그리고 꼭 덧붙이는 말.

"처음엔 잘하지 못해도 계속 연습하고, 궁금한 점이 있으면 언제든 물어봐야 해. 계속 보면서 따라 해 보고 실패해도 다시 해 보면서 자라는 거야. 공부는 멋진 일이라고 하잖아? 이렇게 멋진 공부를 하러 학교에 온 너희들도 모두 멋져!"

아이들을 한껏 추켜세우면서 학교에서 생활하는 모든 것에 의미를 부여한다. 그런데 그 멋진 공부를 초일이들만 하는 것이 아니다. 나도 아이들과 생활하면서 매일매일 배우고 있다. 아이들과 함께 배우고 성장하면서 멋진 일 년을 살아 나가길 소망해 본다.

 ## 첫술에 배부를 수는 없지

학기 초에는 한글이 서툰 친구들이 정말 많다. 하루에도 몇 십 번씩 "글자 어떻게 쓰는 거예요?"라는 질문에 일일이 답해 줘야 한다. 보통은 글자를 칠판에 써서 보여주는데, 한꺼번에 질문이 쏟아질 때는 컴퓨터에 연결한 대형 모니터 화면에 한글 파일을 띄우고 키보드로 하나하나 쳐서 보여준다. 그러다가 귀찮음이 슬슬 몰려오기 시작할 때는, 틀려도 괜찮으니 마음껏 써 보라 하기도 하는데 이런 경우에는 암호 해독 전문가가 되어야 한다. 오늘은 자기소개 시간에 친구들에게 발표할 것을 적어 보자 했는데, 답변들이 가상천외해 한바탕 웃었다. 초일이들이 한 글자 한 글자 고민하며 꾹꾹 눌러 썼을 걸 생각하면 새삼 고맙기도 하다. 정말 "틀려도 괜찮아."라는 말이 절로 나오는 순간이었다.

 통합 교과 '봄' 수업

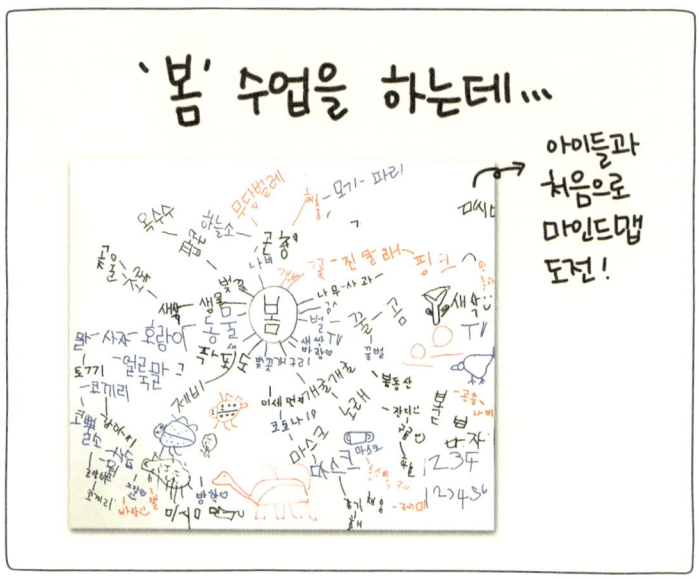

초일이들과의 질문 수업은 정말 재미있다. 전혀 예상치 못한 대답에 빵빵 터지고, 열심히 대답해 주는 모습에 기분 좋은 전율이 느껴지기도 한다. 3월 초에는 아이들에게 던진 질문이 벽에 '팅~' 부딪혀 되돌아오는 느낌이었는데, 한 달쯤 지나니 서로 적극적인 피드백도 마구 주고받게 되었다. 아이들의 생각 주머니가 꽤 말랑말랑해졌다. 오늘은 통합 교과 '봄' 수업. 꽃이나 동물뿐만 아니라 황사나 미세먼지 같은 문제 상황 관련 질문에도 역시 기대에 어긋나지 않는 반응들이 나온다. 물론 엉뚱 대답은 기본. 이 아이들 중에서 지구에 산재한 문제들을 척척 해결하는 박사님도 나올 수 있겠지?

관찰과 상상, 씨앗 심기

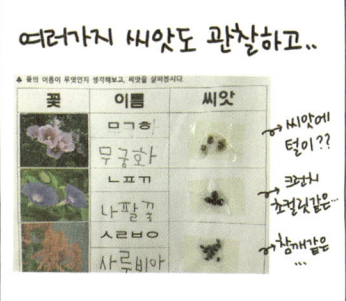

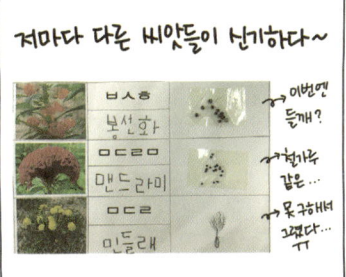

가족들이 열리는 씨앗!	진짜 '내'가 열리는 씨앗!

그러고보니.. 초일이 씨앗도 정말 많이 자랐다~♥

봄 교과에는 씨앗과 꽃, 나무 이야기가 많이 나온다. 유치원에서 이미 배워 알고 있는 내용이 많기 때문에, 어떻게 하면 수업을 더 알차게 채울 수 있을까 늘 고민이다. 모든 수업을 100% 완벽하게 채울 수는 없어도, 어느 정도 호흡이 맞아 들어가기 시작하면 덜 채운 빈자리를 아이들이 채워 주고 있다는 느낌이 든다. 별것 아닌 것에도 격한 리액션을 장착한 열혈 시청자 모드로 참여해 주는 아이들이 고마울 뿐이다. 이렇게 우리는 서로의 빈자리를 채워 주며 열심히 성장하고 있다.

 계기 교육, "나무야, 고마워!"

• • •

많은 것이 처음인 초일이들에게 "이런 거 들어 봤어? 본 적 있어?"라고 물어보면, 대부분은 "아니요!" "몰라요!" 하는 고민 없는 피드백이 즉각 돌아오곤 한다. 식목일은? 역시 "아니요!" 그 정도는 분명 들어 봤을 텐데, 아이들의 기억력도 나와 별반 다르지 않은 걸까? 식목일인 오늘은 나무와 관련한 모든 것이 들어 있는 종합 선물 세트 같은 하루를 보냈다. 초일이들은 재미있게 배운 내용은 스펀지처럼 잘 흡수하는데, 오늘처럼 스펀지 한쪽을 톡 잘라 내밀어 주는 순간엔 감동이 퐁실퐁실 솟아난다.

놀면서 자라요

학교는 아이들이 깨어 있는 동안 집에서보다 더 많은 시간을 보내는 곳이다. 그러므로 학교 공간과 친숙해지는 것은 학교생활을 잘하는 데에 큰 도움이 된다. 오늘은 학교 둘러보기 활동을 했다. 초일이들의 최애 공간은 역시 놀이터. 놀이기구와 친구들이 있으니 너무나도 신난 초일이들의 깔깔거리는 웃음을 타고 내 얼굴에까지 행복 바이러스가 번졌다. 부족한 놀이기구를 서로 양보하며 즐겁게 노는 걸 보면, 아이들은 역시 놀면서 배우고 놀면서 자란다. 그 와중에 담장 너머 유치원에 있던 동생과 조우한 초일이, 서로 손을 흔들며 반가워하는 형제애가 어찌나 애틋하던지…. 애틋함도 잠깐, 실컷 놀고 뛰어 들어가는 초일이들의 뒷모습에 여전히 신명이 남아 있다. 그래, 자주 나와서 땅도 밟고 서로에게 기쁨이 되는 시간을 많이 만들어 보자.

초밀이들의 첫 체험 학습

코로나 상황이 조금 나아지면서 체험 학습도 가게 되어 얼마나 다행인지 모른다. 나는 개인적으로 '체험 학습'이라는 말보다 '소풍'이 더 좋다. 한껏 들뜬 아이들의 기분을 더 잘 표현해 주는 것 같으니까. 며칠 전부터 이것저것 궁금한 것을 묻는 아이들의 목소리는 이미 하늘로 한껏 날아오른 열기구 같다. 특히 너무 설레고 늦을까 걱정되어 잠도 못 잘 것 같다며 상기된 얼굴로 집에 가는 아이들의 모습을 보노라면 인솔할 생각에 긴장된 내 마음도 열기구처럼 날아오른다. 초일이들은 걱정도 잠깐, 막상 소풍날이 되면 지각대장도 일찍 와서 신나는 하루를 만들어 낸다. 초일이들은 전공이 놀기? 아니, 아이들은 모두 놀기가 전공이다. 그래야 하고.

담쌤의 깨알팁

체험 학습(소풍) 준비, 이렇게 해 주세요.

체험 학습을 앞두고 학교에서 자세한 준비물 안내가 나갑니다만, 공식적인 안내장에는 담지 않는 것들을 알려 드릴게요. 먼저, 도시락으로 보통 김밥이나 유부초밥을 보내 주시는데요, 일회용 그릇은 한쪽으로 쏠려서 볼품이 없어지는 것은 물론이거니와 김밥이 터지는 경우도 있습니다. 환경 보호 차원에서라도 일회용은 피해 주시고 튼튼한 다회용 도시락 통에 담아서 보내 주시면 좋습니다. 또, 대개는 간식을 많이 가져오는지라 아이들은 생각보다 도시락을 많이 먹지 못합니다. 남으면 상하니까 먹이고 싶은 마음보다 조금만 적게 싸 주세요. 과자도 먹을 수 있는 만큼만, 부피가 크지 않고 잘 부서지지 않는 것이 좋습니다. 화장지와 물티슈도 담아서 보내 주시면 요긴하게 쓰입니다. 쓰레기는 보통 체험 학습 장소에서 해결하지만, 혹 쓰레기통이 따로 없는 야외로 가게 되는 경우라면 쓰레기를 담을 작은 봉투를 챙겨 주시는 것도 매우 유용합니다. 담임선생님 도시락이 걱정되신다고요? 각자가 알아서 준비하는 것이 원칙이니 신경 쓰지 마셔요. 그리고 초일이들은 먹다가 남은 것들을 가끔 선생님 드시라고 주기도 한답니다. :)

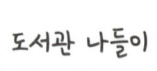

도서관 나들이

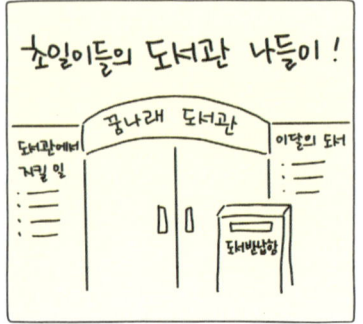

• • •

초일이들의 도서관 첫 나들이. 차근차근 알려 줘야 할 것들이 참 많다. 먼저 그림책 《도서관에 간 사자》를 읽어 주고, 사자가 지킨 도서관 예절을 우리도 잘 지켜 보자고 파이팅을 외치며 출발했다. 도서관은 금방 초일이들의 '핫플레이스'가 된다. 아무리 쫓아다니며 '사자처럼'을 외쳐도 잠시 뿐, 도서관에 있는 동안은 수업도 안 하는데 수업한 것 이상으로 힘이 든다. 갈 때마다 진땀을 흘리지만 아이들이 좋아하는 모습을 보면 자주 데려가야겠다는 다짐이 다시 서는 곳. 도서관 초보 이용자들이라 예상 밖의 행동들로 큰 웃음을 선사해 주는 즐거운 곳이기도 하다.

초일이들에게 빨간 날은?

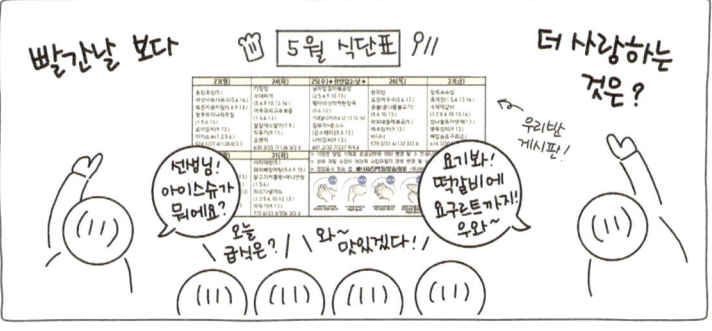

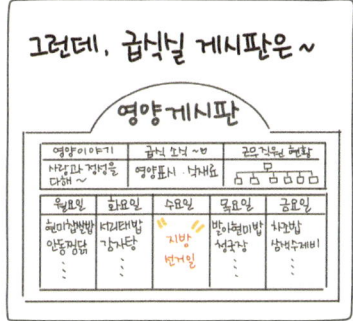

· · ·

어린이날이 쉬는 날인 것은 귀신같이 아는 녀석들이 어른들이 손 꼽아 기다리는 주중 쉬는 날은 잘 모른다. 요즘은 벽에 달력을 걸어 놓는 집이 별로 없어서 더 알기 어렵지 않을까 싶다. 교실에 달력 역할을 하는 것이 있으니 바로 게시판에 꽂아 놓은 급식 메뉴판이다. 메뉴판에서 빨간 날을 발견하고 당황해하는 표정들을 보고 나 또한 어찌나 당황스러웠던지. 하필 수요일이 쉬는 날이냐고 구시렁거리며 하교하는 아이들 틈에서 눈치 없이 자꾸 웃음이 났다. 교사도 일하는 사람인지라, 주중 쉬는 날은 정말 꿀보다 달콤한 휴식을 선사하기 때문이다. 어떤 휴일을 보내고 왔을지 내일 아이들이 쏟아 낼 이야기들이 궁금한 밤이다.

 ## 초일이들의 실내화 착용법

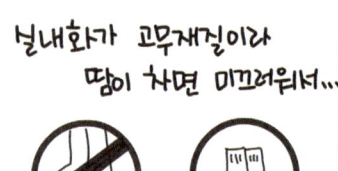

여름이 되면 자주 등장하는 '맨발의 초일이'들. 아이들이 신고 다니는 실내화가 고무 재질이라 땀이 차면 미끄러워서 양말을 꼭 신게 한다. 초일이들은 뛰어다니는 것이 자연스러운 일이어서 선선한 바람이 부는 날에도 이마에 구슬땀이 금방 송골송골 맺힌다. 그러니 발바닥에도 금방 땀이 차겠지. 그렇게 날마다 강조해도 깜빡하고 맨발로 오는 친구들이 더러 있다. 그런데 오늘 같은 경우는 또 처음이다. 얼마나 급했는지 양말을 한쪽만 신고 왔다. 양말을 한쪽만 신고 있으면 기분이 이상해서 견딜 수 없을 것 같은데…. 아무리 입장을 바꾸어 생각해 봐도, 초일이들의 감각 기관은 놀랍기만 하다.

담쌤의 깨알팁

실내화는 이런 것을 준비해 주세요 ● ● ●

왜 학교에서는 꼭 EVA 소재의 하얀 실내화를 신으라고 하는지 궁금하시다고요? 천으로 된 실내화는 젖었을 때 마르는 시간이 많이 필요하고 슬리퍼는 미끄러져서 크게 다칠 수 있습니다. 엄청난 활동량을 과시하며 교실과 화장실을 뛰어서 오고 가니 무엇보다 안전을 위한 선택이라고 생각하시면 됩니다. 간혹 크*스와 같은 신발을 준비해 주시는 학부모님도 계시는데, 안전사고를 방지하기 위해서는 뒤축이 있는 것이 좋습니다. 실내화를 고르실 때는 디자인도 물론 중요하지만 미끄럼 방지가 잘 되어 있는지 살펴봐 주시는 것이 더 중요합니다. 학교에서는 대개 실내화를 유치원처럼 신발장에 두지 않고 신발주머니에 담아서 다니게 되는데요, 아이들은 발도 쑥쑥 자라니 수시로 사이즈를 살펴서 발에 맞는 것을 신을 수 있도록 해 주시고, 위생을 위해 자주 세탁해서 보내 주세요.

모기와의 전쟁

여름이 오면 '모기와의 전쟁' 시작. 아침이면 너도나도 밤사이 모기에 물린 사건을 보고하느라 바쁘다. 초일이들은 살이 연약해서 조금만 물려도 크게 부풀어 올라 보기에 몹시 안쓰럽다. 특히 얼굴은 더욱! 모기를 극도로 싫어해서 여행을 갈 때도 모기향을 꼭 챙겨 가는 나로서는 모기 물린 아이들의 모습을 보는 것조차 너무 괴롭다. 오늘 한 초일이는 말 그대로 '모기 밥'이 돼서 왔다. 저녁에 놀이터에서 신나게 놀다가 그랬다는 말을 듣고 참 웃픈 생각이 들었다. 우리 초일이도 신나고 모기도 신났을 텐데 남은 고통은 고스란히 초일이만 받고 있다. 생각 같아선 오늘 저녁 그 놀이터에 모기약 중무장하고 쳐들어가서 복수해 주고 싶다만….

담쌤의 깨알팁

여름엔 모기 조심!

모기에 물린 자리가 심하게 부풀어 오르고 물집이 잡히기도 하는 스키터 증후군은 어른들보다 어린아이들에게 많이 발생한다고 합니다. 한 초일이 부모님께서 하교 후에 모기 알레르기로 발진이 심하다며 교실에 모기가 있는 것 아니냐고 물어보셔서 살짝 당황한 적이 있습니다. 교실은 아이들 하교 후에 모기 퇴치제를 수시로 뿌리며 관리를 합니다. 학교 전체적으로도 정기적으로 소독하면서 해충으로부터 아이들을 보호하기 위해 노력하고 있습니다. 간혹 학교를 오가는 길이나 놀이터에서 물릴 수도 있으니, 모기 알레르기가 심해 걱정되는 아이들에게는 모기 퇴치용 스프레이를 뿌려 주거나 모기 퇴치 밴드를 착용시켜 주는 게 어떨까요. 잠 잘 때는 모기 기피제를 준비해 주시는 것도 좋고, 모기장을 쳐 주는 것도 확실한 방법입니다. 소중한 우리 초일이들이 모기에 물리면 너무 속상하니까요.

초일이들의 우산 정리법

비 오는 날은 아침부터 바쁘다. 우산꽂이 앞에 서서 우산 정리하는 방법도 알려 줘야 하고 때로는 망가진 우산도 고쳐 줘야 한다. 망가진 초일이들의 우산을 보고 있노라면 "도대체 무슨 일이 있었던 거니?" 묻고 싶어진다. 휘어진 우산대를 바로잡아 주고 빠져 버린 우산살을 다시 끼워 주다 보면 오래전에 방영된 드라마 주인공 맥가이버가 된 기분까지 든다. 아이들을 집에 보낼 때도 우산을 잊지 않도록 신신당부하며 "우산! 우산!" 하고 외친다. 하교 지도 후 교실로 돌아왔을 때 빈 우산꽂이를 보면 얼마나 기분이 후련한지. 하지만 처량하게 홀로 남아 주인을 기다리는 우산을 만나는 날도 드물지 않으니…. 돌봄 교실이나 방과후 교실로 가서 주인을 찾아 주면 비로소 우산 타령 끝! 우산꽂이 속에서 한나절을 보낸 우산들은 초일이들과 또 어떤 모습으로 집이나 학원에 가게 될까? 우산도 참 고생이 많다.

담쌤의 깨알팁

초일이 우산은 이런 게 좋아요! ● ● ●

"우산까지 신경을 써야 하나요?" 물으신다면, "네, 초일이들은 별걸 다 가르쳐 줘야 합니다."라고 대답할 수 밖에 없답니다. 무슨 일이든 처음에 제대로 배워야 잘 할 수 있으니까요. 우선은 쉬운 것부터. 흐린 날, 비 올 것을 대비해서 2단이나 3단 접이식 우산을 가방에 넣어 보내 주시는 분들이 계시는데요, 갑자기 내리는 비에 분명 천군만마가 되겠지만 초일이들에게 접이식 우산은 아직 어렵습니다. 접고 펴기 편한 일자형 자동 우산이 더 좋습니다. 여밈끈도 똑딱이보다는 찍찍이로 된 것이 스스로 정리하기에 더 낫고요, 색깔은 운전자의 눈에 잘 띄는 밝은 색이 좋아요. 시야를 확보하기에는 투명 우산이 좋지만, 장난이 심한 아이들의 경우 등굣길에 이미 찢어지고 망가져 물에 빠진 생쥐 모습으로 등장하는 경우가 종종 있답니다.

꼼지락꼼지락, 뭐 하나 했더니

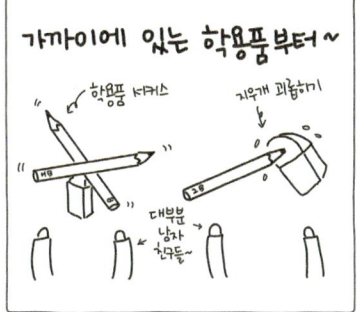

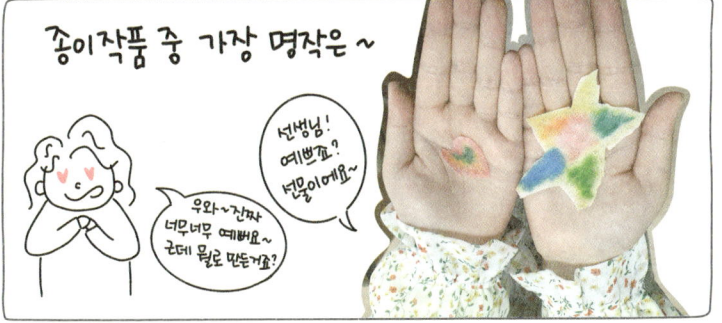

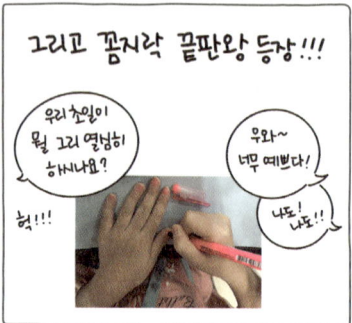
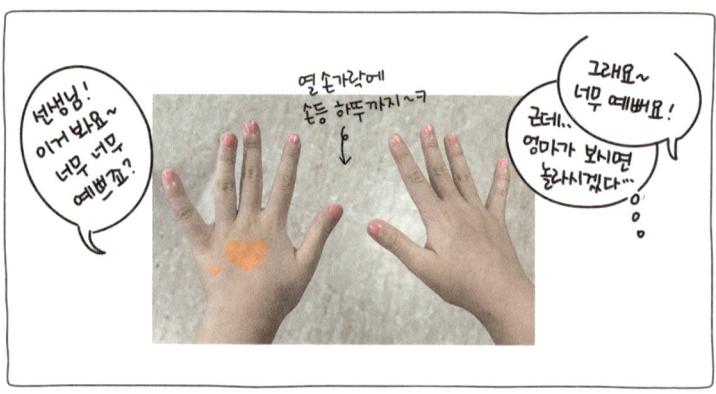

• • •

꼼지락꼼지락 하루 종일 손이 바쁜 초일이들이 있다. 수업 시간, 활동이 빨리 끝나면 늘 그림을 그리거나 뭔가를 만들어 내느라 바쁘다. 때론 수업보다 더 집중해서 난감할 때도 있지만 꼼지락 초일이들의 창의력이 놀라워 은근 기대가 되기도 한다. 그런데 오늘의 작품은 다소 파격적이다. 워낙 꾸미기를 좋아하는 초일이라 그 마음이 충분히 이해되나, 아이 손을 보신 부모님은 많이 놀라지 않으실까 걱정이 되기도 했다. 꼼꼼하게 잘 칠해서 매니큐어를 칠한 듯 예뻐 보이기까지 했지만, 손톱 입장에서 생각해 보면, 손톱도 적잖이 놀라지 않았을까?

 # 깜빡깜빡, 알림장!

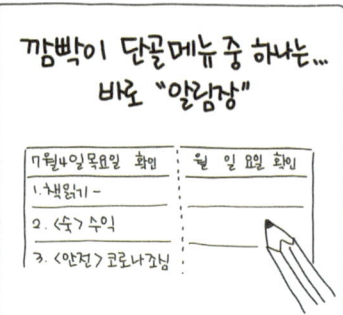

하루건너 하나씩 뭔가를 빠뜨리고 오는 깜빡이 초잎이들이 있다. 오늘도 어김없이 한 깜빡이가 알림장을 깜빡했단다. 초잎 교실에서 알림장을 안 가지고 오는 경우는 다반사라 잔소리감도 아니다. 그럴 때를 대비해서 준비한 비상용 공용 알림장을 건네주는데, 가끔 그 공용 알림장을 들여다보면 우리 반 깜빡이들의 명단 같기도 하다. 오늘은 알림장을 받아 든 초잎이가 뭔가 사연이 있는 듯 쭈뼛거리기에 가만히 이야기를 청해 들어 보니 너무 웃픈 스토리가 흘러나온다. 어찌나 심각하게 이야기하던지. 그런 일에 심각하다는 건 순수하다는 증거. 잠시 언짢았던 마음이 스르르 녹아 버렸다.

담쌤의 깨알팁

알림장, 이런 쓸모가 있어요 ● ● ●

알림장을 사용하는 방식에도 학교마다 교사마다 조금씩 차이가 있습니다. 1학년 1학기 동안은 무리한 쓰기를 지양하라는 교육부 방침에 따라, 알림장을 쓰게 하는 대신 안내할 내용을 인쇄해서 붙여 주는 경우도 있고 학급 커뮤니티 애플리케이션을 활용하는 경우도 있습니다. 주간 학습 안내를 통해 준비물과 과제를 주 단위로 제시하기는 하지만, 스스로 알림장에 적는 것이 더 효과적이라 저는 더 선호합니다. 날마다 무언가를 조금씩 꾸준히 적는 활동은 아이들의 소근육을 발달시키고 필압을 키우는 데에도 도움이 많이 됩니다. 또, 다음날 꼭 필요한 준비물이 있는 경우 하교하면서 한 번 더 강조할 수 있으니 학교생활에도 큰 도움이 된다고 할 수 있겠습니다. 가끔은 아이들의 알림장이 학부모님들과 짧은 대화를 나누는 마당이 되기도 합니다. 손편지 감성은 덤. 부모님들께 부탁드리고 싶은 것은, 알림장을 사용하는 경우 학부모 확인란에 꼭 사인해서 보내 주십사 하는 것입니다. 별것 아닌 내용이라도 담임교사와 학부모가 함께 확인하는 시스템이 있음을 초일이들이 알게 하는 것도 생활 지도에 도움이 될 수 있거든요. 노트 정리의 기초 단계라고도 볼 수 있으니 글씨 쓰는 모습이나 공책을 대하는 자세도 함께 봐 주시면 감사하겠습니다.

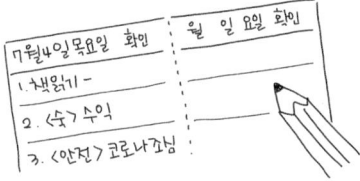

 초일이와 스마트폰

별 생각 없이 사용하는 일상 용품들이 희한하게도 초일이들 손에 들어가면 특별해지는 마법이 일어난다. 볼 때마다 '오호, 저렇게 쓸 수도 있구나!' 혼자 '신비한 용품 사전' 시청을 즐긴다. 스마트폰도 예외일 수는 없으니 예상 밖의 시간과 장소에서 불쑥불쑥, 예측불허의 방법으로 사용된다. 어른들은 뭔가 자랑하고 싶거나 보여주고 싶을 때 SNS를 사용하지만, 초일이들은 직접 카메라에 담아 와서 보여준다. 이런 직진형 표현법이 더 인간적이고 사랑스럽게 느껴지기도 한다. 특히, 스마트폰을 통해 전해 오는 꾸밈없는 애정 표현은 더 진솔하게 느껴져 찐한 감동이 두 배가 된다.

담쌤의 깨알팁

스마트폰 사용은?

학교에서 스마트폰을 사용할 수 있는지 궁금하시죠? 기본적으로 학교 안에서 스마트폰 사용은 금지되어 있습니다. 학생 인권 문제로 일괄 걷어서 보관하지는 않고 개인적으로 보관하게 합니다. 가방에 넣는 것이 좋을 것 같은데 굳이 신발주머니에 넣어 두는 아이들도 많습니다. 스마트폰 전용 가방에 따로 넣어서 보내 주시는 경우도 있는데 화장실에 갈 때나 급식 먹을 때, 심지어 바깥 놀이를 할 때도 항상 메고 다녀 불편해 보이기도 합니다. 스마트폰을 지닌 채 등교를 해야 한다면 어떤 방법으로 보관하면 좋을지 아이와 미리 이야기해 주시면 좋겠습니다. 한 가지 당부 드릴 것은, 수업 시간이나 하교 직전에 전화하시는 부모님들이 계시는데 수업에 방해가 될 수 있으니, 급한 일이 있는 경우 담임선생님에게 먼저 연락 주세요.

방과후 프로그램

● ● ●

초일이들에게 방과후 수업도 중요한 학교생활의 일부이다. 방과후 프로그램은 참여하는 친구들에게는 신나는 경험이 되고 참여하지 않는 친구들에게는 호기심 대상이 된다. 학교생활이 어느 정도 익숙해지는 시기에 시작되는 2분기 방과후 프로그램에는 신청자가 대폭 늘어난다. 프로그램에 따라 다르지만, 학습 보충 효과가 톡톡한 것도 많다. 이런 방과후의 실체를 학부모님들도 알게 되니 종종 오늘처럼 웃픈 상황이 연출되기도 한다. 아이가 원한 것이든 엄마의 일방적인 선택이든, 방과후로 아이들의 학교생활이 더욱 행복해지면 좋겠다.

담쌤의 깨알팁

방과후 프로그램은 ● ● ●

방과후 프로그램은 학교마다 종류나 내용, 운영 방법 등이 모두 다릅니다. 일반적으로 학급 수가 많은 학교에 더 다양한 방과후 프로그램이 개설됩니다. 사전 수요 조사를 거쳐 학교 상황에 맞게 결정되는 것이니 원하는 프로그램이 없을 수도 있습니다. 때로는 개설된 프로그램이 인원수 미달로 폐지되는 경우도 있으니 참고하시기 바랍니다. 호기롭게 시작했다가 아이가 적응을 못하거나 좋아하지 않아서 중도 하차를 해야 하는 경우도 생길 수 있습니다. 이런 경우 수업받은 시간을 제외한 나머지 수업료는 환불이 가능하니 참고하세요.

 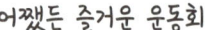 어쨌든 즐거운 운동회

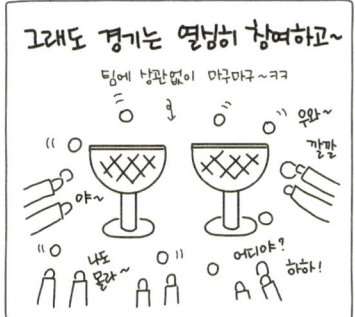

• • •

참으로 오랜만에 열린 운동회. 초일이들은 오늘도 기대를 저버리지 않는다. 무슨 순서에서든 땅만 보이면 바닥과 혼연일체가 되어 흙장난이 자동으로 가동된다. 거의 물아일체 지경. 경기 상황은 물론 승패에도 크게 관심이 없다. 하지만 일단 경기를 시작하면 참여하는 그 순간만큼은 아주 진지하다. 무엇보다 달리기에 진심인 귀여운 초일이들. 결과에 상관없이 즐거웠다니, 이것이야말로 진정한 '스포츠 정신'이 아닐까? 정말 닮고 싶은 초일이들의 순수한 열정이다.

담쌤의 깨알팁

요즘 운동회는요 • • •

운동회 운영 방식도 학교마다 다 다릅니다. 전교생이 한꺼번에 참여하는 대운동회로 진행하는 학교도 있고 학년별로 작게 축소하여 운영하는 학교도 있습니다. 학부모 참여 여부도 학교마다 다른데요, 요즘은 대운동회보다 학년별 소운동회를 많이 하는 경향이라 아이들만 참여하는 곳이 많습니다. 그리고 교육 활동 발표회(예전의 학예회라고 보면 됨)처럼 큰 행사를 하는 경우, 운동회와 발표회를 격년제로 운영하는 곳도 있으니 참고하셔요.

 '자연 미술'과 낙엽 지옥

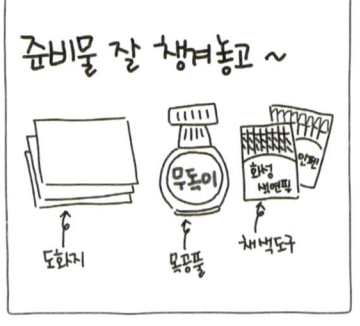

• • •

가을이 되니 학교 여기저기 낙엽 천지다. 낙엽이 다 사라지기 전에 아이들이랑 무얼 할까 생각해 보았다. 바스락바스락 낙엽 밟기 놀이도 하고 광고의 한 장면처럼 낙엽을 날리면서 놀고도 싶지만. 천진난만한 초일이들을 환상과 모험의 세계로 이끌기에는 역부족, 조신하게 만들기 하는 걸로 결정했다. 하지만 무얼 하든 틈만 나면 스스로 환상과 모험의 세계로 뛰어드는 초일이들. 그래, 그게 진정한 초일이지. 환상과 모험의 세계에서 노닌 흔적이 교실 안은 물론 교실 밖까지 이어진다. 그리고 그 흔적을 지우는 뒷수습은 오롯이 나의 몫이다. 그래도 초일이들에게 좋은 추억이 되었다면, 그 대가는 이미 받은 걸로.

외투 찾기 탐정 놀이

날씨가 쌀쌀해지면 외투 찾기 탐정 놀이도 시작된다. 어쩜 그렇게 자기 옷을 못 알아볼 수 있는지 참으로 신비한 초1이 세계. 매의 눈으로 잘 관찰하지 않으면 탐정 역할을 제대로 하기 어렵다. 튀는 옷들은 금방 눈에 들어오지만 태권도 학원 같은 곳에서 맞춰 입은 비슷한 옷들은 분간하기가 어렵다. 제 알맹이를 잃어버린 채 덩그러니 놓여 있는 외투가 날마다 꽤 많이 생긴다. 그런데 가만 보면 초1이들 옷만 있는 것도 아니다. 그나마 외투이길 다행이지. 3학년 담임을 맡고 있는 선생님과 통화하다가 '팬티 찾기' 한 이야기를 듣고 나니, 초1이 담임인 것만도 감사하다.

 포스터를 그려 볼까?

흡연 예방 교육 시간. 흡연을 하면 어떻게 되는지 알려 주면 어떤 아이들은 눈물을 펑펑 흘리며 운다. 아빠가 담배를 피우신다고. 그러니까 포스터 잘 만들어서 집에 붙여 놓자고 말하며 포스터 그리기 돌입. 초일이들에게는 '흡연'이라는 말도 '금연'이나 '예방'이란 말도 너무 어렵다. 아무리 어려워도 흡연하자는 포스터를 만들면 안 되니까, 설명을 다시 해 주고 같이 수정을 했다. 결국 완전히 이해하지는 못한 것 같지만, 초일이들의 아빠를 걱정하는 마음만큼은 무척이나 절실하다. 이런 마음이 흡연하시는 아버님들 마음에 잘 가 닿기를 간절히 바란다.

3장. 공부

"느려도 괜찮아. 손잡고 같이 가자."

본격적으로 학습이 시작되면 아이들에게 꼭 해 주는 이야기가 있다. 바로 '토끼와 거북이의 경주 이야기'. 저마다 빠르고 느린 차이는 달리기에만 있는 게 아니라 공부도 마찬가지라는 것을 말해 주고 싶어서다. 초등학교 1학년이라는 출발선에 함께 서 있지만, 입학 전 경험이나 어릴 적부터 주어진 학습 환경에 따라 아이들의 수준은 이미 격차가 많이 벌어져 있다. 이대로 그냥 출발을 시키면 엉금엉금 따라오는 거북이를 놀리는 토끼 같은 친구들이 생길 수 있으니 초반부터 분위기를 확실하게 잡고 시작해야 한다.

"달리기를 못하는 것이 거북이의 잘못일까요?"라고 물으면 아이들은 일제히 "아니요!"라고 합창을 한다. 거북이 처지에서 보면 너무 불리한 경주를 하고 있는 것이 아닌지 생각해 보게도 한다. 만약 거북이가 토끼에게 수영 시합을 하자고 했다면 어땠을까 묻는 것이다. 그러면 말도 안 된다고 펄쩍 뛰면서 토끼를 죽일 셈이냐며 매우 안타까워한다. 거북이와 토끼에 대해 이야기를 충분히 나눈 뒤, 자연스럽게 공부 이야기로 전환한다.

"그럼 공부를 못하는 것은 친구들의 잘못일까요?" 이 물음에도 아이들은 일제히 "아니요!" 합창한다. "맞아요. 공부도 토끼와 거북이의 경주와 같아요. 같이 출발하지만 어떤 친구는 빨리 알아듣고 잘 할 수 있고, 어떤 친구는 속도가 조금 늦을 수 있어요. 못한다고 놀리거나 뭐라고 하면 안 되고 우리가 같이 도와주고 응원해 줘야 합니다."
"네!" 격양된 목소리가 교실에 쩌렁쩌렁 울린다.

그리고 한 가지 더 강조해서 말해 준다. 거북이가 질 것을 뻔히 알면서도 토끼의 제안에 응해 주고 중간에 포기하지 않고 끝까지 최선을 다한 것처럼, 우리 친구들도 모두 열심히 도전하자는 당부이다.

물론 학습은 경주가 아니다. 그렇지만 학습이 본격적으로 시작되면 거북이와 토끼 친구들이 금방 구별된다. 수시로 토끼와 거북이 이야기를 상기시키면서 거북이 친구들에게는 어려워도 포기하지 말자는 응원을, 토끼 친구들에게는 거북이 친구들과 함께 도우며 가자는 제안을 한다. 그리고 이렇게 수시로 외친다. "느려도 괜찮아. 손잡고 같이 가자!"

 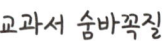 교과서 숨바꼭질

∴

초일이들에게는 별걸 다 가르쳐 줘야 한다. 그것도 아주 자세하게, 단계별로 차근차근, 아주 여러 번. 대체 몇 번을 얘기해야 하는 걸까 수없이 고민하면서 말이다. 교과서 사용에 관해서도 예외일 수 없다. 처음 접하는 것이니 표지부터 시작해서 모양도 관찰하고 안에 무엇이 있는지 확인도 해 본다. 초일이들에게 가장 난코스는 붙임딱지 활용이다. '수십 번 같은 말을 반복해야 한대도 절대 화내지 말자.' 속다짐을 단단히 하고 설명을 시작한다. 우여곡절은 많아도 학급의 모든 초일이들이 해당 쪽수에 알맞은 붙임딱지를 붙였을 때의 성취감은 정말 짜릿하다. 붙임딱지가 익숙해지는 순간이 오면 학교생활 완벽 적응이 가까워졌다고 보아도 좋다.

담쌤의 깨알팁

수업 교재와 교과서

입학 후 한 달 정도는 교과서로 공부하지 않고 입학 적응 교재 한 권으로 수업을 합니다. 입학 적응 교재는 학교마다 다른데, 교육청에서 제시한 자료 중 하나를 선정해서 학교에서 필요한 부분을 편집하거나 혹은 직접 만들어서 사용하기도 합니다. 교재의 이름이나 구성은 조금씩 달라 보여도 내용은 크게 다르지 않습니다. 학습과 기본 생활 습관 형성 등 학교생활 적응에 필요한 내용과 학교에 있는 시설물 사용법 등이 수록되어 있습니다. 입학 적응 기간이 끝나면 교과 학습으로 들어가는데, 교과는 크게 국어·수학·통합 교과, 세 가지로 구성되어 있습니다. 국어는 한 학기용 교과서가 <국어 1-1 가>와 <국어 1-1 나>, 두 권으로 분철되어 있습니다. <국어 활동>이라는 보조 교과서가 딸려 있어서 국어책에서 공부한 것을 확인하고 연습할 때 사용합니다. 수학도 역시 워크북 형태의 <수학 익힘>이라는 부교

재가 있습니다. 교사에 따라 수업 시간에 활용하거나 과제로 제시하는 경우도 있습니다. <수학 익힘>책 뒷면에 있는 답안지는 과제로 활용하는 경우에는 떼어내 부모님께서 따로 관리하는 것이 좋습니다. 통합 교과는 <봄> <여름> <가을> <겨울>로 나뉘어 있는데, <봄>과 <여름>은 1학기에, <가을>과 <겨울>은 2학기에 사용하고 각각의 교과서마다 주제별 통합 수업이 가능하도록 구성되어 있습니다. 예전에 <바른 생활> <즐거운 생활> <슬기로운 생활>로 나뉘어 있던 것이 단원마다 통합되어 있다고 생각하시면 됩니다.

초일이는 (당연히) 까막눈

까막눈 초일이 ♡
한글을 아직 깨치지 못한 친구들 But, 쪼꼬만 부르는 이름
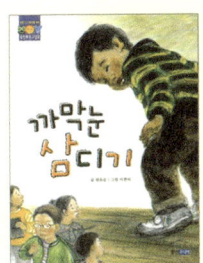
← 2010년 출판. 내겐... 해마다 새롭게 다가오는 책!

1학년 1학기 국어 수업은 거의 한글 깨치기 수업

차례 ← 1-1 가
1. 바른 자세로 읽고 쓰기
2. 재미있게 ㄱㄴㄷ
3. 다 함께 아야어여
4. 글자를 만들어요
5. 다정하게 인사해요

자음 익히기 →
모음 익히기 →
'자음+모음' 익히기 →

차례 ← 1-1 나
6. 받침이 있는 글자
7. 생각을 나타내요
8. 소리내어 또박또박 읽어요
9. 그림일기를 써요

→ 받침 익히기
→ 문장 만들기
→ 겪은 일을 문장으로 써 보기

이제 시작이니 모르는 것이 당연!

그러나 까막눈 초일이들은...

3장. 공부 "느려도 괜찮아. 손잡고 같이 가자."

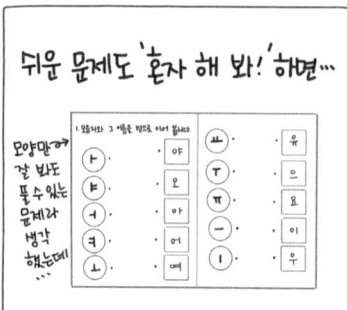

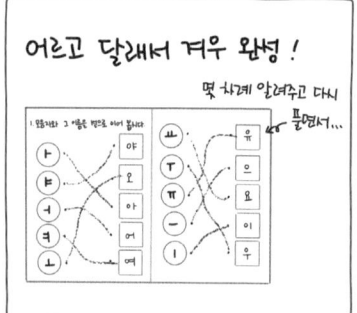

3월 입학 적응 기간이 끝나고 한글 수업을 시작하자 까막눈 친구들에게 고통의 시간이 시작되었다. '까막눈'이라는 말은 재미있게 읽었던 동화책에서 따온 말이고 귀여움 가득한 애칭이니 절대 오해 없기를. (그래도 혹시 기분이 나쁘다면 "미안합니다~!") 학교에서 한글을 가르쳐 준다고 했으니 초잉이들이 글을 모르는 것은 당연한 일이고, 모두가 까막눈이라면 한글 수업에 부담도 없을 텐데 현실은 그렇지 않다는 것이 너무 슬프다. 글을 모른 채 수업에 참여하는 것이 얼마나 힘든 일인 줄 알지만 그렇다고 그냥 둘 수는 없기에 단단히 마음먹고 시작! 한글 수업이 시작되자마자 까막눈 초잉이와의 엄청난 실랑이가 시작된다. 너무 속상해하지 마. 초잉이는 모르는 게 당연하단다. 우리 까막눈 초잉이들 모두 모두 힘내자!

담쌤의 깨알팁

입학 전 한글 떼기? ● ● ●

아이의 입학을 앞둔 예비 학부모님들께 가장 많이 받는 질문은 "학교에 가기 전에 한글을 떼야 하나요?"입니다. 물론 한글을 알고 학교에 들어오면 여러 가지로 편한 점이 많습니다. 하지만 한글을 '안다 vs 모른다'의 이분법적 사고로 접근하기보다는 언어 감각의 측면에서 생각하면 좋겠습니다. 운동 감각이 있는 사람은 어떤 운동을 배우더라도 다른 사람보다 쉽게 빨리 배우죠? 한글도 마찬가지라 생각합니다. 책을 많이 읽으면서 대화를 자주 나누고 질문놀이나 말놀이를 많이 한 아이들은 비록 한글을 깨치지 않고 학교에 들어왔다 할지라도 글자를 익히는 속도가 매우 빠릅니다. 오히려 입학 전에 학습적인 것을 너무 강요하다 보면 자칫 학습 자체에 흥미를 잃을 수 있으니 함께 책을 많이 읽고 다양한 주제의 대화를 자주 나눠 주시길요. 가족과의 시간에 여러 가지 말놀이를 같이 하는 것도 좋겠죠?

초일이는 (귀여운) 까막눈

• • • •

 글자를 모르는 초일이들에게 학교생활이 결코 녹록치 않을 것이다. 그 힘든 시간을 줄여 주기 위해서라도 까막눈 탈출은 되도록 빨리 꼭 해결해야만 하는 숙제다. 모르는 글자도 일단은 잘 따라 그려 주고 뭘 하는지 몰라도 일단은 열심히 따라와 주는 너무나도 예쁜 까막눈 초일이가 있다. 다른 아이들보다 나의 손길을 많이 필요로 하기에 특별한 단짝이 되었는데, 쉬는 시간에도 강아지처럼 졸졸 따라다닌다. 그래서 더 애틋하고 불쑥불쑥 엉뚱한 대답으로 웃음 폭탄을 던져 주니 진짜 볼수록 매력적인 초일이다. 그 귀여운 초일이한테 순수한 마음 가득한 글자 없는 편지를 매일 하나씩 받고 있다. 글은 없지만 간단한 그림과 숫자로 전달되는 사랑에 더 큰 감동이 밀려온다.

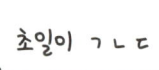 초일이 ㄱㄴㄷ

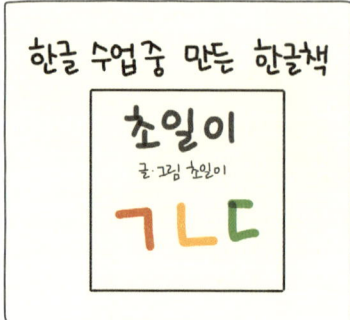

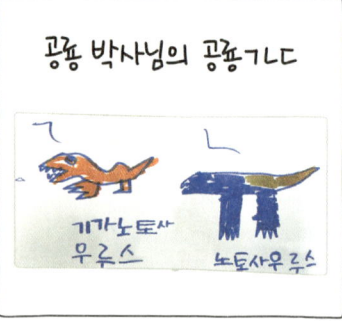

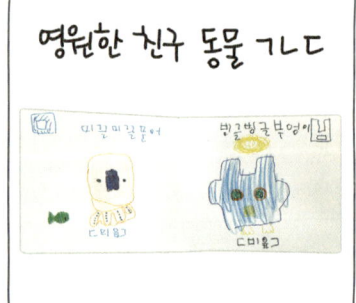

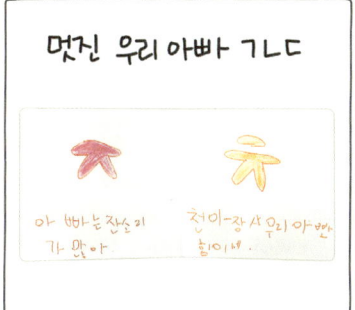
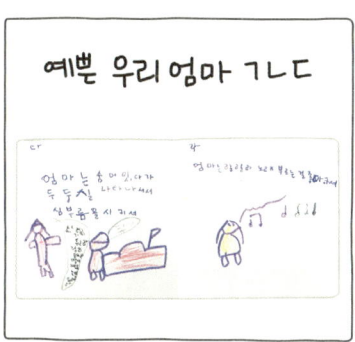
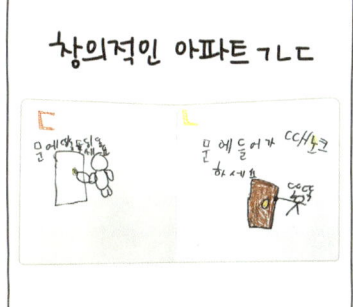

초일이들의 국어 시간 대부분은 한글 깨치기 수업이다. 매일 읽고 쓰기만 반복하는 수업은 너무 지루하고 힘들기에 다양한 자료를 총동원해서 한글 수업에 집중하고 있다. 그리고 보너스 활동으로 한글 그림책 만들기를 한다. 다른 그림책을 참고하며 만드는 아이들도 있고, 자기만의 독창적인 아이디어로 그림책을 만드는 아이들도 있다. 올해는 유난히 참신한 작품들이 많이 나왔다. 다 소개하지 못해 아쉬운 많은 작품들은 내 기억 속에 오래도록 저장하기로 한다. 늘 느끼는 것이지만, 아이들의 능력은 정말 기대 이상이다.

숫자 'O'과 '비폭력 대화'?

초일 수학은 1, 2, 3, 4부터 시작이다. 많은 아이들이 학교에 들어오기 전에 마르고 닳도록 들은 것들이라 수업 시작도 전에 다 안다고 큰소리를 뻥뻥 친다. 이렇게 쉬운 내용의 수업을 어떻게 모두가 재미있게 참여하는 수업으로 만들지 늘 고민이 된다. 이럴 때 비장의 무기는 그림책. 정말 그림책 없는 초일 교실은 '오아시스 없는 사막'이다. 오늘은 캐드린 오토시의 《영 Zero》 그림책을 적용했다. 초일이들의 기발한 사고 구조에 오늘도 놀랐다. 나 역시 만만치 않은 뱃살을 가지고 있지만, 숫자 0을 보고 둥그런 뱃살을 떠올린 적은 단 한 번도 없었는데 초일이들의 단도직입적인 기발함은 따라가기 어렵다. 근데 어쩌지? 앞으로 숫자 0을 보면 계속 뱃살이 떠오를 텐데….

'쌍디귿'과 토끼띠

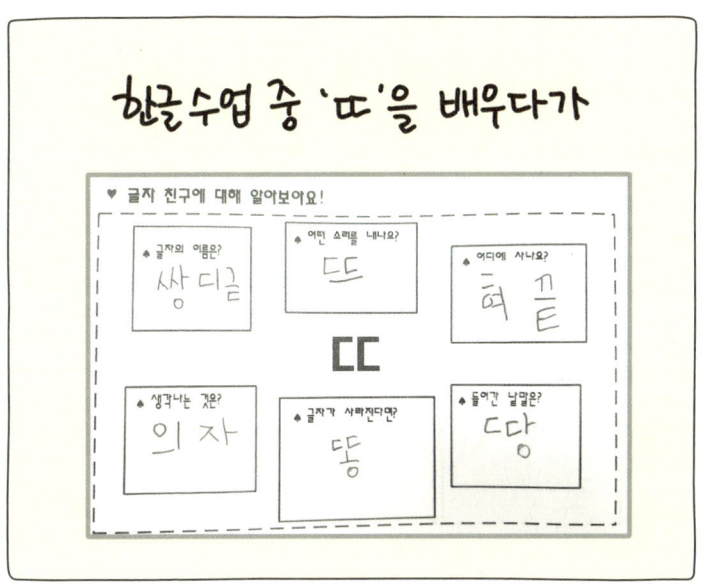

초일이들은 객관적으로 절대 예쁠 수 없는 나를 항상 예쁜 존재로 만들어 준다. 적어도 1년 동안은 마법 안경을 쓰고 나를 바라보고 있는 듯하다. 그리고 수시로 '너와 나의 연결고리'를 만들어 낸다. 초일이들의 담임교사로 사는 것은 여느 슈퍼스타 부럽지 않다. 주는 것도 별로 없는데 이렇게 절대적인 사랑과 관심을 받고 있으니 너무 고맙다. 고마워도 정말 너~~~무 고맙다.

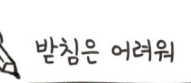 받침은 어려워

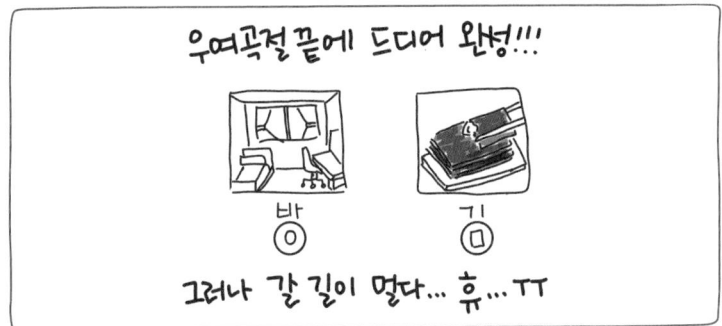

자음과 모음으로 시작하는 한글 수업의 가장 큰 난제는 '받침'이다. 한글을 어느 정도 깨친 아이들도 받침은 많이 어려워한다. 그런데 아직 자음과 모음도 다 이해하기 어려운 친구들에겐 말 그대로 '언어의 장벽' 앞에 선 느낌일 것이다. 세종대왕께서 한글을 만드시며 "지혜로운 자는 아침을 마치기 전에, 어리석은 자도 열흘이면 배울 수 있다."라고 하셨다는데, 한 달이 지나도록 초일이들, 특히 우리 까막눈 초일이는 매일매일 한글과 씨름 중이다. 세종대왕님, 제발 도와주세요.

문장 만들기와 초월 '갬성'

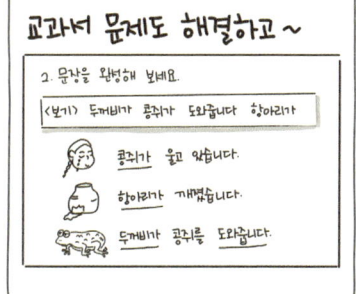

가끔 1학년 국어 교육과정은 사용자를 전혀 고려하지 않고 만든 계단 같다는 느낌이 든다. 자음과 모음처럼 비교적 쉬운 내용은 완만하고 촘촘하게 놓여 있고, 아이들이 어려워하는 글자 만들기나 받침 등은 급경사를 성큼성큼 오르게 되어 있기 때문이다. 이제 낱말을 좀 익히나 싶은데 문장 쓰기 활동이 바로 시작된다. 글쓰기의 첫발을 내딛는 초일이들이 잘 오를 수 있는 계단으로 보수해 보자는 마음으로 문장 쓰기 수업에 심혈을 기울인다. 그 계단을 잘 따라와 주는 것도 고마운데, 가끔 놀라운 상상력과 감성으로 계단 위에서 멋진 공연을 펼치는 초일이들도 있다. 뜻밖에도, 장난꾸러기로 이름을 날리고 있는 초일이들이 그 공연의 주인공이 되는 경우가 많다. 둘째가라면 서러울 우리 반 개구쟁이 초일이에게 이런 감성이 있을 줄이야. 나의 리액션이 너무 과했는지, 오히려 당황스런 얼굴로 나를 바라보던 귀여운 초일이 얼굴이 자꾸 떠오른다. 읽으면 읽을수록 '갬성'이 촉촉해지는 문장이다.

# 수학 시간에도 초1 '갬성'

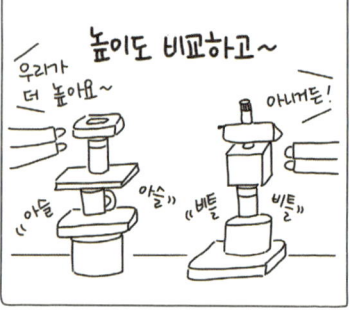

3장. 공부 "느려도 괜찮아, 손잡고 같이 가자."

• • •

수학 시간에 비교하기를 배우고 있다. 비교하기는 생활 속에서 많이 경험하는 것이어서 아이들도 쉽게 이해하고, 활동 위주로 되어 있어 수업 시간이 부담 없다. 수업 자체만으로도 재미있는데, 그 재미를 더해 주는 기발한 초일이들. 어쩜 이런 생각을 할 수 있지? 나도 어른치고는 좀 기발한 아이디어를 잘 낸다고 자부하는데, 교과서 그림을 보면서는 기발한 생각이 나질 않는다. 초일이들의 순수하고 기발한 생각으로 오늘의 수학 수업도 재미 플러스, 행복 플러스가 되었다.

숫자 공부와 1004들

• • •

선생님 나이에 관심이 많은 초잎이들. 잊을 만하면 틈을 찾아 여지없이 "선생님은 몇 살이에요?" 질문을 던진다. 처음 이 질문을 접했을 때는 사실대로 말해 주어야 하나 고민도 살짝 했지만 요즘 나의 대답은 오직 하나, '100살'이다. 처음에는 초잎이들도 "에이, 거짓말이죠?" 했는데, 이제 쿵짝을 맞춰서 나름 정교하게 질문을 날린다. 여전히 나의 거짓말을 순수하게 받아 주는 초잎이들. '100살 요정(?)'을 받아들여 주는 초잎이들은 진정한 천사다.

 구몬을 해서? 그럼 나는?

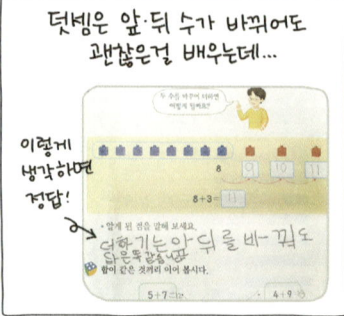

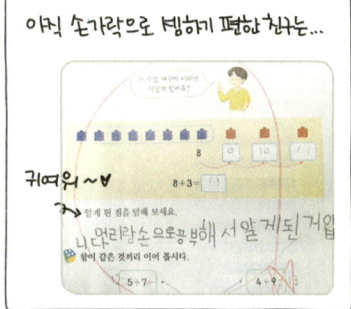

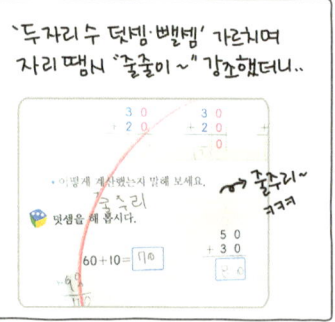

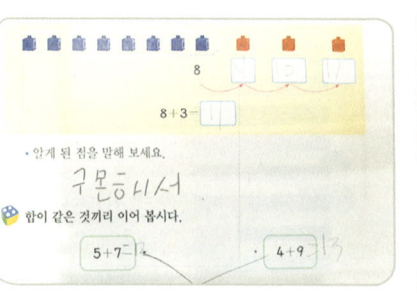

⋯

수학 교과서에는 내가 답하기도 참 애매한 질문들이 담겨 있다. 문제를 풀고 나면 '왜 그렇게 생각했습니까?'라는 물음이 이어진다. 풀이 과정이 복잡한 문제라면 다양한 답들로 채워질 수 있겠지만, 1학년 수학 문제는 매우 단순한 문제들이라 뭐라 답을 해야 할지 난감한 경우가 많다. 시크한 고학년이라면 (물론 녀석들한테는 잘 물어보지도 않겠지만) '그냥'이라고 답하거나 아예 무시해 버리는 질문이 될 수도 있다. 하지만 우리 순수한 초일이들은 그런 질문에도 진지하게 답을 써 준다. 그 답들이 또 예상 밖이라 그것을 보는 것도 참 재미나다. 그런데, '구몬 해서'라니…. '그럼, 나는?'

 ## 보충 수업의 다양한 효과

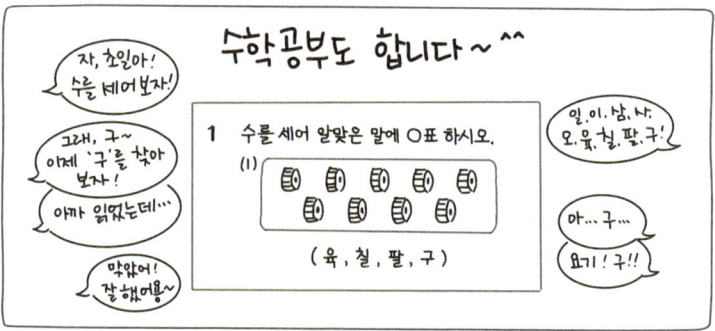

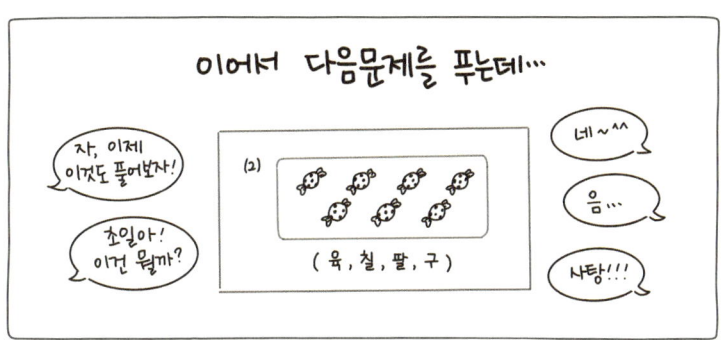

• • •

한글을 아직 덜 깨친 초일이들은 수업 시간의 공부만으로는 진도를 따라가기 힘들다. 제한된 수업 시간에 다른 아이들을 제쳐 두고 그 아이들만 붙들고 있을 수 없기에 다른 방안을 찾아야 한다. 때로는 쉬는 시간을 모두 반납하고 해결하지 못한 과제를 도와주기도 하는데, 이것만으로는 부족하다. 최후의 수단은 바로 '나머지 공부'. 요즘은 나머지 공부라고 하지 않고 '교과 보충수업'이라는 말을 쓴다. 단 몇 명에게만 집중할 수 있으니 아이들을 더 자세히 바라볼 수 있고 부족한 부분을 세심하게 봐 줄 수 있어서 좋다. 정규 수업에서는 크게 말하지도 못했을 엉뚱한 대답도 아이들은 거침없이 편하게 해 준다. 오늘은 그 엉뚱 대답에 깔깔거리며 함께 신나게 웃을 수 있어서 더 좋았다. 그래, 이렇게 웃으면서 앞으로도 즐겁게 열심히 공부하자. 파이팅!!!

담쌤의 깨알팁

보충 수업과 기초 학력

학교에 남아서 공부를 한다고 하면 속상함이 먼저 밀려오시죠? 아이의 학습 속도가 좀 더딘 것 같아 남아서 같이 공부하면 좋겠다고 말씀드리면 그냥 학원에 보내겠다고 하시는 분들도 많이 있습니다. 아이들의 기초 학력을 보장하는 것은 담임교사의 책임이기도 합니다. 코로나로 인해 학습 격차가 더욱 심해지면서 담임교사가 방과 후에 운영하는 교과 보충 프로그램이 생겨나고, 기초 학력 전담 교사와의 협력 수업 프로그램도 만들어졌습니다. 나라에서 막대한 예산을 투자해 아이들의 기초 학력 부진을 막고자 노력하고 있답니다. 응급 처치에 골든타임이 있듯이 기초 학력을 잡아 주는 데에도 놓치지 말아야 할 때가 있습니다. 초등학교 저학년은 학습을 위한 기본을 잡아 주는 단계이니 기초 학력에 다소 부진을 보이더라도 조기 개입하면 빨리 회복할 수 있습니다. 아이의 학습 능력이 부족하다고 느껴지신다면 하루라도 빨리 아이의 현재 수준을 진단하고 부족한 부분을 도와주어야 합니다. 학교에서 내미는 손을 같이 잡고 '골든타임'을 놓치지 않으셨으면 합니다.

주사위 '소확행'

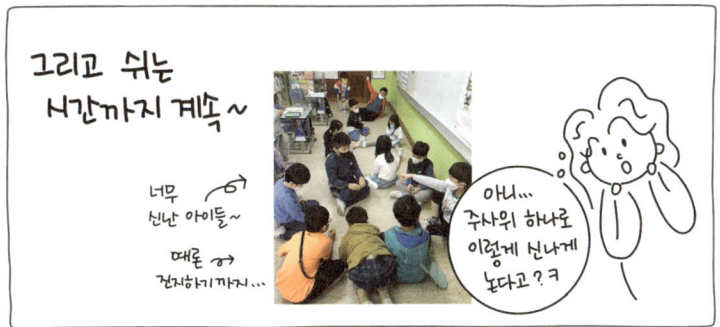

수학 시간에 초간단 주사위 말판놀이를 했다. 워낙 간단한 말판이라 숫자 1만 계속 나와도 3분 안 되어 끝날 게임인데 아이들은 어떻게 해서든 6이 나오도록 애를 쓴다. 게임이 빨리 끝나든 말든, 캥거루 뜀뛰듯 숫자 6으로 두세 번 만에 결승점에 도착해서 포효하는 재미를 누린다. 그러고서는 또, 빨리 끝났다고 아쉬워하거나 금방 시들해하기도 한다. 게임을 시작하자마자 여기저기 슬금슬금 '6'이 나오게 하려 꼼수를 부리는 초일이들이 눈에 들어왔다. 너무 빨리 끝나면 곤란하니 나도 꼼수를 부려 보았다. 그런데 그 꼼수가 열정 불쏘시개가 될 줄이야. 주사위 하나에 이렇게 행복할 수 있는 건가? 오늘도 초일이들에게 배운다. 진정한 '소확행'이 무엇인지.

초일이들의 받아쓰기

3장. 공부 "느려도 괜찮아. 손잡고 같이 가자."

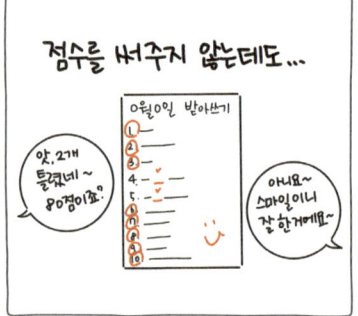

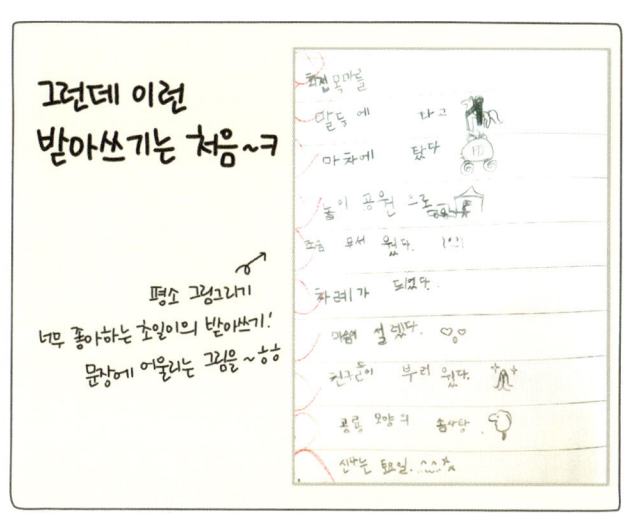

1학기 때부터 '도대체 받아쓰기는 언제 하냐?'고 아우성치던 초1이들. 막상 받아쓰기를 시작하니 이것도 시험이라고 금방 긴장 모드로 돌입한다. 그 긴장을 없애 주려고 다양한 방법으로 접근해 보지만 그래도 시험은 시험인가 보다. 시험에 빠지지 않는 커닝도 등장하고, 가채점까지…. 시험이라는 것에 너무 일찍부터 눈뜨는 것이 아닌가 싶어 마음 한 편이 씁쓸하다. 그래도 초1이만의 매력을 확실하게 보여주는 아이들이 있어 신기하고 놀랍고 감사하다.

담쌤의 깨알팁

받아쓰기 지도는 이렇게 • • •

초일이는 물론 초일이 학부모님들의 가장 큰 관심사는 아마 받아쓰기가 아닐까 합니다. 보통은 받아쓰기 모음집(혹은 급수장)을 만들어 나눠주고 집에서 공부한 뒤 학교에서 시험 보는 형태로 진행됩니다. 하지만 그런 식의 받아쓰기는 단기 기억에 의존한 시험이라 학습 효과가 그리 크지 않다고 생각합니다. 받아쓰기에서 백 점을 맞았던 낱말들을 스스로는 적지 못하는 경우를 자주 보거든요. 그러니 받아쓰기 점수에 너무 연연하지 않으셨으면 합니다. 또한, 가정에서 공부를 하는 경우에도 너무 달달 외우게 하지 않으셨으면 합니다. 그보다는, 잘 모르는 글자가 무엇인지 확인하시고 어떻게 쓰면 되는지 잘 알려 주시기 바랍니다. 틀리는 글자만 반복해서 틀리는 경우를 자주 볼 수 있거든요. "틀려도 괜찮아. 틀린 글자를 바르게 알아 가는 것이 더 중요해."라고 말씀해 주시면서 말이죠.

초일이들의 '좋겠다.'

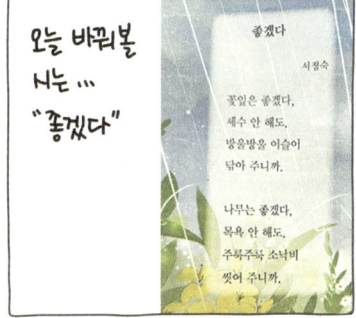

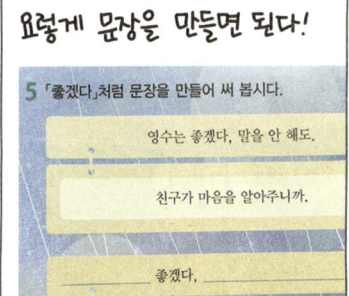

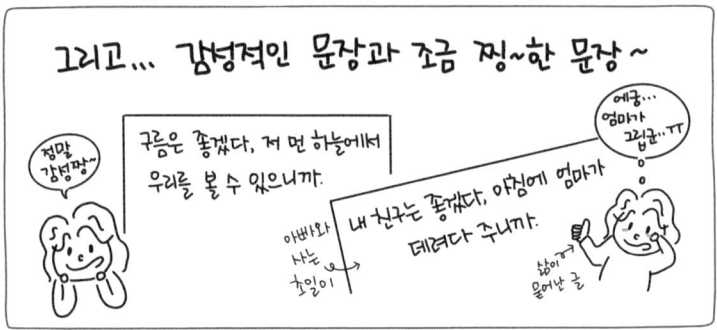

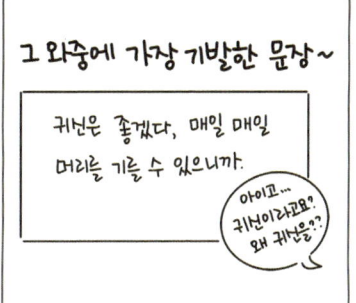

국어 시간에 문장 쓰기 연습으로 시 '바꿔쓰기'를 했다. 글쓰기를 배우기 전에는 그림을 통해 아이들의 마음이나 생각을 읽을 수 있었는데, 이젠 글을 통해 직접적으로 확인할 수 있어서 좋다. 글쓰기가 아직 서툴러도 글씨가 삐뚤빼뚤해도 그 안에 담긴 아이들의 솔직함은 감출 수가 없다. 시를 바꿔 쓰면서 아이들이 평소에 갖고 있던 생각을 알 수 있으니 글쓰기 연습도 되고 심리 진단도 되어 일석이조이다. 아무리 긴 머리에 대한 환상이 있어도 귀신을 닮고 싶다는 생각은 한 번도 해 본 적이 없는데. 정말 '초일이들 생각의 끝은 어디인가?' 하는 철학적인 질문이 절로 나온다.

4장. 가족, 친구, 선생님

"초일이들과 함께 성장해요."

어린이들에게 가족은 '거의 모든 것'이라 해도 과언이 아니다. 가족을 그 무엇보다 사랑하는 초일이들을 보면서 나도 나의 가족을 떠올리곤 한다. 나 역시 부모의 한 사람으로서 아이들이 사춘기를 겪기 시작하고 이십 대에 접어든 지금까지 '가족이란 무엇일까?' 하는 철학적인 질문을 스스로에게 자주 던졌다. 우연히 미치 엘봄의 《모리와 함께한 화요일》을 읽다가 그 답을 찾고 유레카를 외쳤던 기억이 떠오른다.

가족이 지니는 의미는 그냥 단순한 사랑이 아니라, 지켜봐 주는 누군가가 거기 있다는 사실을 상대방에게 알려 주는 것이라네. 어머니가 돌아가셨을 때 내가 가장 아쉬워했던 게 바로 그거였어. 소위 '정신적인 안정감'이 가장 아쉽더군. 가족이 거기서 나를 지켜봐 주고 있으리라는 것을 아는 것이 바로 '정신적인 안정감'이지. 가족 말고는 그 무엇도 그걸 줄 순 없어. 돈도 명예도.

아이들이 자라면서 물리적인 거리가 생길 수 있지만, 서로에게 정신적인 안정감을 줄 수 있다면 그것이 바로 진정한 가족임을 깨달았다. 하지만 우리 초일이들에게는 함께 있는 물리적인 시간과 공간이 우선되어야 한다. 그래야 몸도 마음도 건강하게 성장할 수 있다. 가족들로부터 정신적인 안정감을 풍족하게 받은 아이들은 학교생활에서도 매우 안정적인 모습을 보인다. 그러면 행복한 학교생활은 선물로 따라온다. "학교에 오면 내가 너희의 엄마야."라는 말을 종종 하는데, 학교라는 울타리 안에서 교사와 아이들은 한 해 동안 '교실 가족'이 된다. '그냥 단순한 사랑이 아니라, 지켜봐 주는 내가 있다'는 사실을 초일이들이 잘 느낄 수 있고, 그래서 안정적으로 쑥쑥 자랄 수 있기를 소망해 본다.

 초일이들의 공감 능력

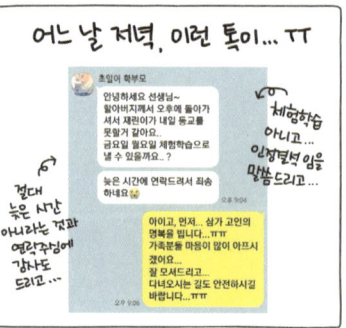

• • •

초일이들은 별로 친하지 않은 친구라도 안 보이거나 늦으면 무척이나 궁금해한다. 한동안은 결석한 아이가 있을 때마다 "OO이 왜 안 와요?"라는 질문에 "아파서 못 왔어요."라 대답하는 경우가 많았다. 그런데 코로나가 좀 잠잠해지면서 결석이 좀 뜸해진 가운데, 오늘은 다른 대답을 해 줘야 했다. 누군가의 죽음은 생면부지 머나먼 남일지라도 마음 한편에 있는 슬픔 스위치를 딸깍 켜 준다. 그것은 아직 어린 초일이들에게도 마찬가지인가 보다. 슬픈 소식을 전해 들은 초일이들의 반응은 오히려 나보다 더 감성적이다.

담쌤의 깨알팁

출결 처리는 이렇게 합니다

예전처럼 '세상없어도 학교는 가야 한다'며 '아파도 학교에 가서 아프라'고 아이 등을 떠미는 부모님은 이제 안 계시겠지만, 출결 문제는 여전히 학부모님들의 관심사입니다. 출결 처리는 크게 '결석'과 '인정 결석'으로 구분되는데 '결석'은 말 그대로 등교하지 않은 것으로 처리되는 경우이고, '인정 결석'은 학교에 나오지 않았지만 출석한 것으로 인정되는 경우로 '법정 감염병, 경조사, 학교장이 허가한 교외 체험 학습 또는 교환 학습으로 인한 미등교'가 이에 해당합니다.

결석에는 '질병으로 인한 결석', '기타 결석', 그리고 '무단결석'이라 하는 '미인정 결석'이 있는데요, 이 중 '질병으로 인한 결석'의 경우 2일 이내는 결석계와 함께 질병 확인 자료(학부모 의견서, 처방전, 담임교사 확인서 등)를, 3일 이상은 결석한 날부터 5일 이내에 진단서 또는 의사의 의견서를 첨부해야 합니다. '기타 결석'은 질병 이외에 학교장이 인정하는 합당한 사유로 결석하는 경우인데 역시 결석계를 제출해야 합니다. 간혹 '결석계를 제출하면 출석 인정이 되는 것이 아닌가' 생각하는 분들이 계시는데, 결석계는 무단결석이 아님을 증명하는 양식일 뿐이니 오해 없으시길 바랍니다.

인정 결석 중에서, '법정 감염병에 걸린 경우'에는 의사 소견서에 명시된 날짜까지 출석으로 인정되는데 코로나 바이러스 감염으로 인한 결석도 이에 해당합니다. '교외 체험 학습'은 시·도 교육청마다 조금씩 다른데 연간 20일 내외로 사용할 수 있고, 사전에 신청서를 학교에 제출해서 확인을 받으시고 다녀온 후에는 보고서를 제출해야 합니다. 학교마다 신청서와 보고서 제출일을 강조하여 명시하고 있으니 날짜를 꼭 확인하시고 해당 기한을 지켜 주시면 감사하겠습니다.

경조사로 인한 인정 결석의 경우 아래 표에서처럼 상황별로 인정 일수가 달라집니다. 다만, 예를 들어 할아버지가 돌아가셨는데 이틀 결석하고 중간에 하루 등교한 뒤 사흘 결석하는 것처럼 나누어서 결석할 수는 없습니다. 경조사 기간 중에 토요일과 공휴일이 끼여 있으면 계산에 넣지 않으니 참고하시기 바랍니다.

구분	대상	일수
결혼	형제자매, 부, 모	1
입양	학생 본인	20
사망	부모, 조부모, 외조부모	5
	증조부모, 외증조부모 형제자매 및 그의 배우자	3
	부모의 형제자매 및 그의 배우자	1

초일이는 가족을 비추는 거울

가만 보면 초일이들은 몸은 학교에 있지만 마음은 가족을 향해 있는 경우가 많다. 교실에서 불쑥불쑥 가족 얘기를 쏟아내는데, 특히 아침에 가족과 있었던 일은 학교생활에 지대한 영향을 미친다. 그런 초일이들의 모습을 보면 종종 초일이들의 집안 풍경이 그려지기도 한다. 초일이의 얼굴 자체가 가족을 비춰 주는 마술 거울 같다. 가끔 〈백설 공주〉 이야기 속 왕비처럼 그 앞에 서서 묻고 싶어진다. "거울아, 거울아, 이 세상에서 누가 가장 순수하지?" 그럼 이런 대답이 나올 듯하다. "그건 바로 초일이들입니다. 하하하하!"

담쌤의 깨알팁

등교 직전엔 참아 주세요

아침 등교 전에 어떤 일을 겪고 왔느냐에 따라 초일이들의 하루 생활이 180도 달라집니다. 교실 문에 들어서면서부터 눈물을 뚝뚝 흘리고 오는 친구들에게 무슨 일이 있었는지 물으면, 백이면 백 "엄마한테 혼났어요." 합니다. 친구들과 지내다 보면 금방 잊기도 하는데, 어떤 친구들은 하교할 때까지 뾰로통한 얼굴로 지내기도 합니다. 신경이 날카로운 상태라 별일 아닌 것으로 친구들과 마찰을 빚을 때도 있답니다. 아이들이 학교에서 즐겁게 지내기를 원하신다면, 마음에 들지 않는 일이 있어도 등교 전에 지나친 잔소리나 화를 내는 것은 참아 주세요. 준비해야 할 것이 있다면 전날 자기 전에 준비해 주시고, 조금 못마땅하더라도 "내일은 더 잘해 보자."며 격려해 주면 어떨까요?

초일이들의 동창회

시대가 정말 빠르게 변해 가고 있다. 어린이집 동창회도 한다니! 초일이 입에서 '동창회'라는 단어가 서슴없이 나오는데 왜 이리 낯설게 느껴지던지. 참 재미있는 세상이다. 로버트 풀검이 쓴 《내가 정말 알아야 할 모든 것은 유치원에서 배웠다》가 떠올랐다. 초일이들이 학교생활에 빨리 적응할 수 있는 것은 유치원이나 어린이집에서 참 많은 것을 배우고 왔기 때문이다. 새삼 유치원과 어린이집 선생님들이 고맙게 느껴진다. 또 한편 코로나로 유치원이나 어린이집에 많이 다니지 못한 우리 초일이들의 지난 시간이 무척 안타깝게 느껴지기도 한다. 원장님을 비롯한 유치원과 어린이집 선생님들 존경하고 감사합니다!

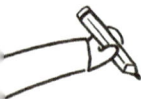 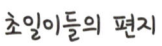

초일이들의 편지

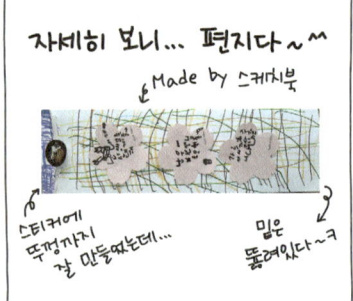

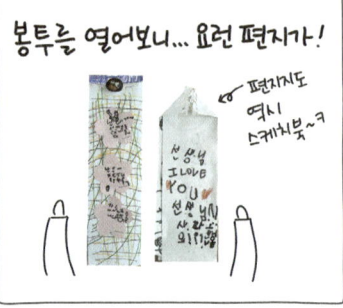

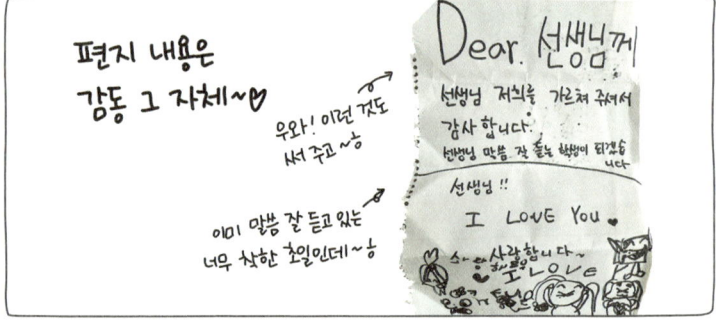

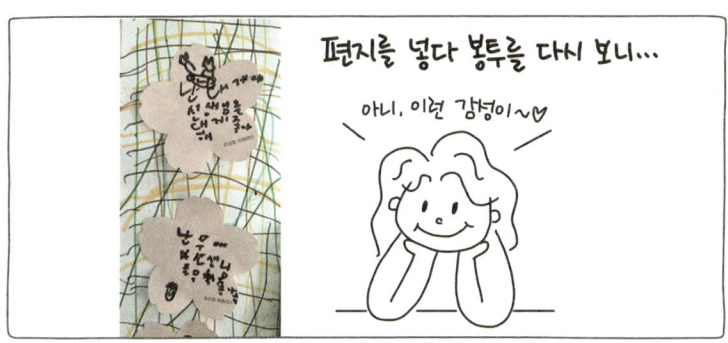

• • •

월요일 아침에 받는 편지는 더 특별하다. 주말에도 내 생각을 해 주었다는 증거가 되기 때문이다. 게다가 생각지 못한 표현을 만나게 되면 그 감동은 배가 된다. 스케치북을 북~ 찢어서 쓴 날것의 편지라도 말이다. '아, 이런 사랑을 어디에서 받을 수 있을까?' 아이들이 주는 순수하고 넘치는 사랑으로 나도 날마다 쑥쑥 자란다. 우리 예쁜 초일이, 너무너무 고마워!

선생님이 뭐라고 1

초일이들에게는 방학도 처음이다. 방학을 맞이하는 초일이들은 방학 동안 어떤 일들이 이루어지는지 잘 모른다. 그래서 방학 '계획 세우기'보다는 '안전하게 지내기'에 더 중점을 두는 편이다. 그런데 오늘은 전화번호 저장해 주느라 바쁜 하루를 보냈다. 마치 연예인이 되어 사인을 해 주는 기분이었다. 진짜 내가 뭐라고…. 그런데 과연 얼마나 많은 초일이들이 방학 때 연락을 줄까? 나쁜 소식은 의무적으로 날아오기 마련이니, 무소식이라도 안전하고 행복한 방학을 보내고 오면 더 이상의 바람이 없겠다.

담쌤의 깨알팁

방학일과 개학일은 어떻게?

학교마다 왜 방학일과 개학일이 다른지 많이 궁금하실 것입니다. 법정 수업 일수는 연간 190일 이상이며 학교마다 보통 190일~192일 사이로 운영하고 있습니다. 190일을 수업 일수로 가정했을 때, 각 학기를 며칠 동안 운영할 것인지 정하게 됩니다. 만약 1학기 운영일을 100일로 정한 학교라면, 학교장 재량 휴업일과 공휴일을 제외하고 3월 2일부터 시작하여 100일째 되는 날을 1학기 마지막 날 즉, 여름 방학식 날로 정하게 됩니다. 그리고 2학기 역시 90일의 수업일이 확보되도록 날짜를 세어 개학일과 종업식, 졸업식 운영 날짜를 정하게 되는 것이지요. 학교마다 학기별 운영 일수와 재량 휴업일이 달라질 수 있으니 학사 일정이 조금씩 다른 것입니다.

선생님이 뭐라고 2

긴 여름 방학을 보내고 드디어 개학날, 그동안 초일이들이 얼마나 자랐을까 많이 궁금했는데 도로 3월 첫날로 돌아간 기분? "방학 지낸 이야기 해 볼까?"라는 한 마디에 아이들의 목소리가 점점 커진다. 즐거운 기억만 있었던 것은 아닌가 보다. 그 와중에 부모님이 바쁘셔서 많이 놀지 못했다는 성토대회까지 열리니 말이다. 그래도 긴 방학 동안 나를 생각해 준 초일이가 있어 행복 만땅 충전되어 다시 시작할 수 있다. 1학년 마무리 하는 겨울 방학식 날까지 파이팅이다.

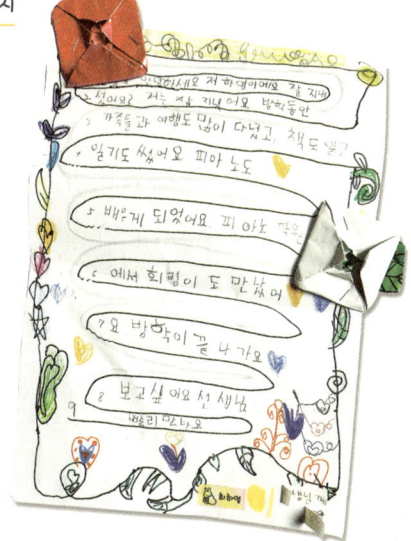

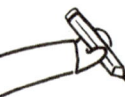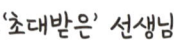 '초대받은' 선생님

• • •

'동료 장학' 시즌이 시작되었다. 다른 반 선생님들이 내 교실에 직접 와서 수업을 보시니 현장감도 넘치고 다양한 반응에 재미도 팡팡 터진다. 공개 수업을 맞이하는 초일이들의 반응도 진짜 천차만별. 그런데 오늘은 초일 담임선생님들의 표현도 가지가지라는 것을 알았다. 나는 아이들에게 "우리 친구들 수업 너~무 잘한다고 다른 반 선생님들이 구경 오신대."라고 말해 주었는데, 옆 반 선생님은 "우리 반 친구들 수업하는 모습 보시라고 다른 반 선생님들을 초대했어요."라고 말했다고 한다. '초대'라는 말이 주는 설렘과 대접받는 기분에 갑자기 나도 기분이 으쓱해진다. 내년에는 이 설렘을 기억하고 선생님들을 수업으로 '초대'해 봐야겠다.

담쌤의 깨알팁

공개 수업과 동료 장학

'동료 장학'이란 교사들이 수업의 전문성 신장 및 교육 활동 개선을 위해 서로의 수업을 보면서 연구하는 활동을 말합니다. 교사들은 일 년에 몇 차례에 걸쳐서 자신의 수업을 학부모나 동료 교사에게 공개하고 있습니다. 동료 장학은 동학년 선생님들과 함께하기 때문에, 옆 반 선생님들이 우리 반에 들어와서 수업을 참관하는 일이 한두 번 있게 됩니다. 자신의 반 아이들을 교실에 두고 다른 반 수업을 보러 갈 수 없으니 보통은 수업 시간을 조정해서 운영합니다. 예를 들어, 우리 반 공개 수업이 수요일 5교시라면 다른 반은 이날 4교시 운영을 하고, 다른 반 공개 수업 때는 우리가 4교시까지만 운영하고 아이들을 하교시키게 됩니다. 일 년에 한두 번, 옆 반과 오후 수업 시간이 다르게 운영되는 날이 있다면 '아하, 동료 장학 기간이구나.'하고 이해해 주시면 됩니다.

 방과 후에 뭐하는지 말하지 않아도

초일이들은 참 숨김이 없다. 어제 집에서 있었던 일뿐 아니라 어릴 적에 경험한 일까지 묻지 않아도 술술 쏟아낸다. 어떤 때는 집에서 있었던 일을 너무 세세하게 말해 주어 잠시 초일이 집으로 순간 이동한 느낌까지 든다. 때로 아이들의 모습을 가만히 지켜보면 방과 후 무얼 하는지 훤히 보이기도 한다. 쉬는 시간이나 수업 중에도 갑자기 벌떡 일어나서 태권 동작을 하는 초일이 모습을 보는 것이 제일 재미있다. "우리 초일이 태권도 하는구나!" 하면 "헉, 어떻게 알았지?" 신기해하며 놀란 토끼눈으로 바라보는 아이들이 그저 사랑스럽기만 하다.

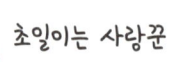 초일이는 사랑꾼

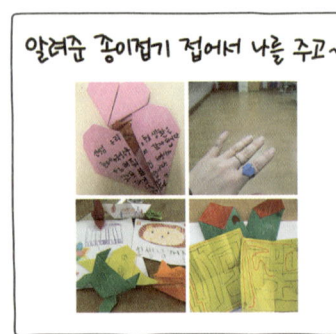

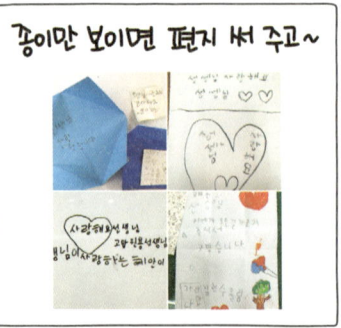

∴

교실에 너~무 너무 심한 말썽꾸러기가 있다면, 그 아이는 전생의 스승인데 가르침을 주기 위해 다시 태어나 사제지간으로 만난 거라 생각하고 오히려 감사해야 한다는 말을 들은 적이 있다. 처음 들을 때는 '헉!' 했지만 곱씹어 보면 맞는 얘기 같기도 하다. 그런데 반대로 너무 너무 넘치는 사랑을 주는 초일이들을 만나면, 전생에 혹시 내 부모였나 싶다. 사랑을 많이 주셨지만 스스로 부족하다고 느껴 못다한 사랑을 맘껏 주기 위해 다시 태어난 부모님 말이다. 비록 일 년 동안의 시한부 사랑이지만(초일이들이 2학년이 되면 새로운 담임선생님이 사랑의 표적이 된다), 어디서 이런 사랑을 받아볼 수 있으랴. 정말 초일이 담임하길 잘 했어.

부모님도 초일이?

• • •

부모님들께는 다소 기분 나쁘게 들릴 수도 있고, 또 모든 학부모님들이 그런 건 아니지만 '학부모님의 수준도 아이의 학령기 나이와 같다'는 말을 많이 한다. 그러니까, '초일이들의 부모님들은 딱 초일이 같다'는 말이다. 같은 안내장을 보내도 해석이 저마다 각양각색이고, 어떤 부모님들은 여러 번 반복해서 설명을 해 드려야 한다. 하지만 초일이들의 최대 장점인 순수함도 똑같이 장착하고 계신다. 그리고 초일이들이 성장하듯 1년이 지나면 그만큼 성장해 계신다. 때론 초일이들처럼 사랑도 듬뿍 주시니, 초일 담임하길 정말 정말 잘했다.

 가끔은 엄마처럼

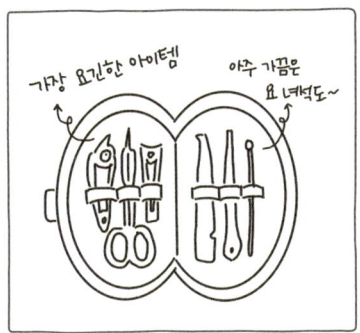

초잎이들과 함께하는 초잎 샘들은 학교에서 종종 엄마 노릇을 해야 할 때가 있다. 그럴 때 유용하게 사용하는 편리한 아이템들이 있다. 물론 모든 초잎 샘들이 같은 아이템을 가지고 있지는 않을 것이다. 개인적인 성향이나 취향이 다르니 부디 오해 없으시길. 내 경우 가장 많이 사용하는 아이템은 머리핀과 고무줄이다. '워킹맘'인지라 내 딸아이 머리는 항상 긴 생머리 그대로이거나 하나로 바짝 묶어 올린 포니테일 스타일이 전부였지만…. 초잎이들 덕분에 못다 한 한을 풀고 있다. 자주 하다 보니 이제 제법 머리 묶기 달인이 되어 가고 있는 것 같다. 부족하지만 나의 손길로 한부모가정 초잎이의 엄마를 향한 그리움이 조금이나마 해소될 수 있으면 좋겠다.

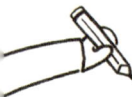
가끔은 초일이처럼

● ● ●

초일이 학부모님이 초일 수준인 것처럼 초일 샘도 가끔, 아니 때에 따라 자주 초일 수준이 된다. 초일이와 대화하는 동안 어떨 땐 "너 참~ 유치하다."라는 마음의 소리가 들려온다. 그래도 그 순간은 완전 초일이 빙의가 되어 절로 무시가 된다. 머릿속에서는 오은영 박사님 모드로 돌아가야 한다고 강요하지만, 말과 행동은 같은 금쪽이 수준이 되어 버린다. 뒤돌아서면 후회가 밀려올 때도 있고, 가끔 스스로도 너무 유치해서 헛웃음이 나기도 한다. 그런데 오늘은 금쪽이 수준의 유치한 갈등 상황이 초일이의 호기심과 순수함 덕분에 갑자기 상황 종료. 너무 빠른 상황 전환에 어리둥절했지만 다시 생각할수록 너무 웃긴 순간이다.

선생님은 부자다?

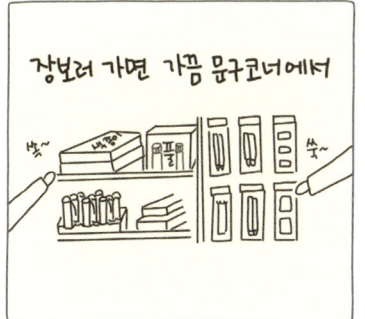

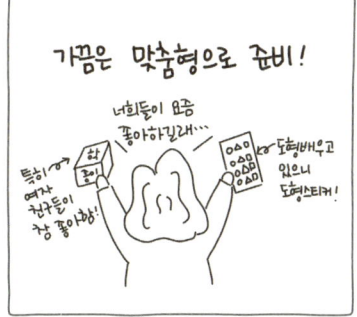

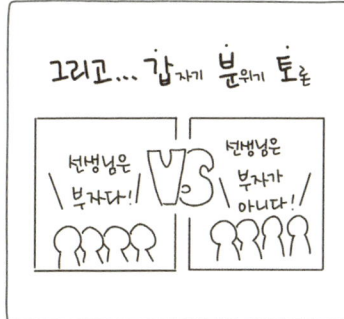

요즘은 아이들에게 뭔가를 주면 너무 당연하게 여겨서 서운한 감정이 몰려올 때가 종종 있다. 당장 우리 집에 살고 있는 아이들부터. 그래도 '소확행'을 실천하고 있는 초일이들과는 작은 것이라도 나누는 행복이 쏠쏠하다. 초일이들은 생각했던 것보다 조금 많이 받는다는 기분이 들 때면 간혹 "선생님, 부자예요?"라고 묻기도 한다. 처음에는 이런 질문을 받으면 당혹스러웠는데, 오늘은 초일이들끼리 '부자가 맞다, 아니다'로 한바탕 토론까지 벌어졌다. 아이들의 행복한 표정과 나름 진지했던 토론 모습을 떠올리다 문득 깨달았다. "선생님, 부자예요?"라는 말은 "선생님, 감사합니다."라는 의미인 것을. 부자여서 행복한 밤이다.

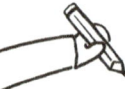
좋아하면 닮는다더니

• • •

학기말이 다가오면 아이들이 나누는 대화 속에 순간순간 내 모습이 보여 깜짝깜짝 놀라곤 한다. 내가 자주 사용하는 어휘나 말투가 초일이 입에서 툭툭 튀어나오는 것을 보고 있노라면 소름이 돋기도 한다. 좋아하면 서로 닮아 간다더니. 어느새 우리는 참 많이도 닮아 있다. '학교에서 내가 초일이들의 가족 모습을 보듯, 집에 가면 부모님들이 학교의 내 모습을 보시겠구나.' 생각하니 정말 잘 살아야겠다는 생각이 든다. 그래도 늘 잘 살 수는 없으니 잠시라도 요정 할머니의 마술봉이 손에 쥐어지는 꿈을 꿔 본다. 부디 좋은 것만 닮아 가길, 비비디 바비디 붑!

추석날 가족 생각

추석이니까 추석에 대한 그림책도 읽어주고~

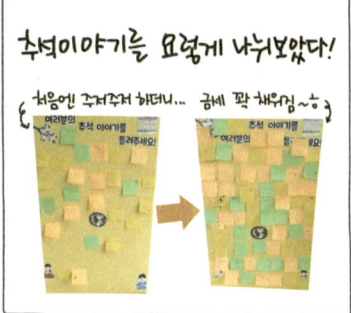
추석이야기를 요렇게 나눠보았다!

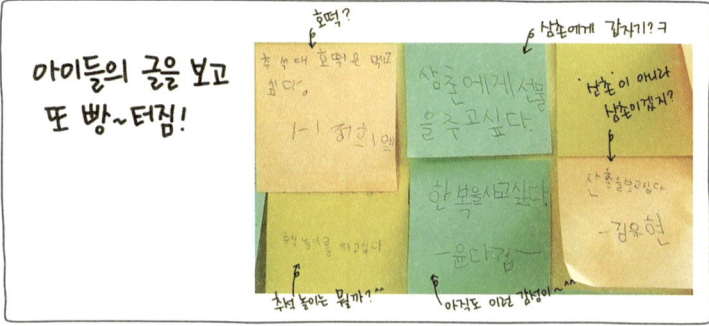
아이들의 글을 보고 또 빵~터짐!

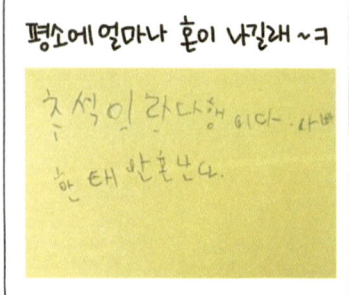
평소에 얼마나 혼이 나길래~ㅋ

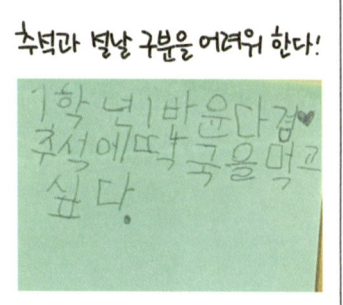
추석과 설날 구분을 어려워 한다!

역시 우리 초일이들도 한마음~

추석 때 코로나19가 엄청 일어질 것 같면 좋겠다

학교가 아무리 좋아도 이건 좀ㅋ

추석대도 학교와 먼 줄 개다 ♡^J

그리고 가장 마음아픈 글... TT
어른들이 정말 잘 살아야...

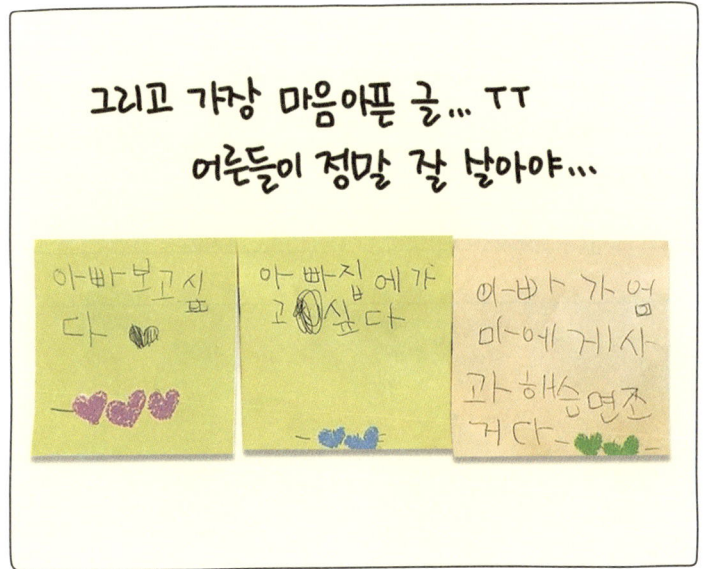

추석이 다가오니 《솔이의 추석 이야기》 그림책 생각이 났다. 그 림책을 읽어 주고 초일이들의 추석 이야기를 함께 나누고자 게 시판을 만들어 사연들을 모아 보았다. 포스트잇이 신기하다며 열심히 적어서 붙이더니, "선생님, 또 적어도 돼요?" 한다. "당 근이지." 이 말 한 마디에 쉬는 시간마다 다람쥐 알밤 나르듯 포스트잇에 적힌 사연을 갖다 나른다. 어느새 게시판 그개가 아이들의 사연으로 다 차 버렸다. 슬금슬금 다가가 사연들을 하나씩 읽어 보는데, 읽다가 웃다가 결국 눈물이 났다. 웃음과 기쁨과 감동과 아픔을 동시에 안겨 준 게시판 사연들. '어른들 이 정말 잘 살아야겠다'는 교훈을 남겼다.

그리고 가족이 되었다

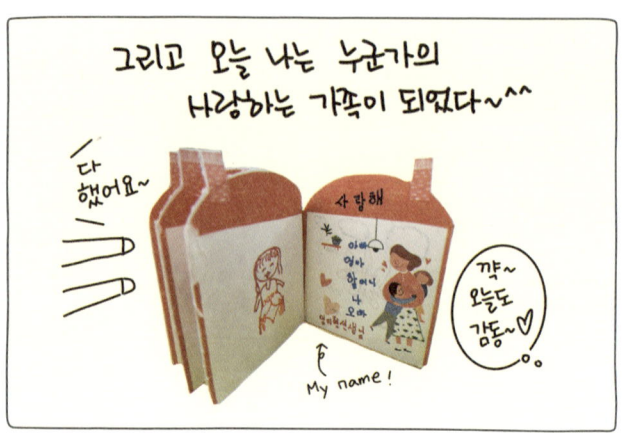

초등학교 1학년 수업 활동 중에는 '가족'과 관련된 내용도 참 많다. 요즘은 점점 가족에 대해 이야기 나누기가 조심스러워지기도 해서 어떨 때는 수업 들어가기 전 고민을 많이 하기도 한다. 인생 8년 차, 가족과 함께 한 경험이 일생의 모든 것인 아이들에게 가족은 절대적인 존재이다. 그림 그리기 활동을 할 때 다른 주제는 선뜻 그리기 어려워하는 친구들도 가족에 대해 그림을 그리게 하면 후다닥 금방 그려 낸다. 너무 성의 없이 빨리 끝내 버리는 것 아닌가 하다가도, 막상 그림을 보면 그 안에 아이들의 마음이 오롯이 담겨 있어 흐뭇한 미소가 번질 때가 많다. 그리고 종종 가족 그림 속에 나를 넣어 주기도 하는데 볼 때마다 진한 감동이 밀려온다.

초일 샘은 농부?

육아에 많이 사용되는 비유 중 하나가 '자식 농사'이다. 성공의 기준을 무엇이라 정의해야 할지는 잘 모르겠지만, 성공한 자녀를 둔 부모들에게 '자식 농사 참 잘 지었다'는 칭찬을 하기도 하고, '자식 농사가 곧 최후의 노후 대비'라는 말을 쉽게 하기도 한다. 학교에서의 내 역할은 거의 엄마에 가까우니 나도 한 해 동안 자식 농사를 지은 셈이다. 봄에 초일이 씨앗을 뿌리고 관심과 사랑으로 잘 키워서 겨울이 되면 어엿한 초등학생이라는 열매를 거둔다. 유치원은 졸업했지만 아직 초등생이라 하기는 좀 어려운, 유치원과 초등학교 사이 어딘가에 있던 초일이들을 완전한 초등생으로 키워 낸다. '풍년이 왔네~ 풍년이 왔어~ 금수강산에 풍년이 왔네.' 〈풍년가〉 한 자락이 절로 흥얼거려지는, 나는야 행복한 농부다.

5장. 동심

'이토록 어여쁜 초일이들'

〈천사들의 합창〉을 기억하는 사람들이 있을까? 90년대에 인기리에 방영되었던 〈천사들의 합창〉은 여러 차례 재방영되면서 우리나라에서 꽤 많은 인기를 차지했던 멕시코 어린이 드라마다. 다양한 인종의 개성 넘치는 어린이들이 한 교실에서 좌충우돌 생활하며 만들어내는 다양한 에피소드들로 울리고 웃기며 많은 감동을 선사한 드라마였다. 아름답고 자상한 히메나 선생님을 비롯하여 순수함으로 중무장한 귀여운 어린 배우들이 천진난만한 매력을 마음껏 뽐냈던 것으로 기억한다. 모든 아이들에게 엄마처럼 다정다감하고 천사 같은 미소와 성품을 지녔던 히메나 선생님을 보면서 '나도 나중에 저런 선생님이 되어야겠다'고 다짐했던 것도 기억난다.

30년 전의 이 오래된 드라마를 다시 떠올린 것은 바로 교실에서 매일 마주치는 우리 초일이들 때문이다. 초일이들의 모습을 가만 보고 있노라면 〈천사들의 합창〉에 나왔던 귀여운 주인공들을 보고 있는 기분이 든다. 물론 같은 에피소드를 연출하고 있지는 않지만 순수한 동심이 여러 가지 모양으로 다양하게 펼쳐져 따스한 감동을 준다는 점은 드라마와 똑같다. 그런데 〈천사들의 합창〉이 많은 이들의 사랑을 받았던 '국민 드라마'였다면 〈초일이들의 합창〉은 초일 샘의

'독점 드라마'이다. 사랑스러운 초일이들이 주인공인 이 드라마를 혼자만 본다는 것이 늘 안타까울 뿐이다. 내가 히메나 선생님의 역할을 하고 있다고 자신 있게 말하기는 어렵지만, 우리 초일이들이 많은 감동을 선사하는 최고의 배우들이라 말하는 건 자신 있다. 이토록 예쁜 동심을 부디 오래도록 간직해 주길 바랄 뿐이다.

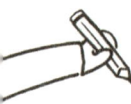 

생일 축하하는 날

• • •

생일이라고 아침부터, 아니 며칠 전부터 재잘재잘 말해 주는 초일이도 있고, 생일날인데도 아무 말 안 하고 그냥 넘어가는 초일이도 있다. 생일이라고 말하면 축하 인사도 해 주고 아이들과 떼창으로 생일 축하 노래도 불러 주는데, 그런 주목이 부담스러운가 보다. 깜빡 잊고 그냥 넘어갔다가 뒤늦게 알고 미안한 경우들도 종종 생긴다. 코로나 전에는 교실에서 한 달에 한 번, 조촐하지만 생일 파티도 해 주었는데 요즘은 그러지 못해 너무 아쉽다. 파티는 못 해 주어도 기억은 꼭 하고 싶어서 교실 한 공간에 생일 게시판도 만들어 놓긴 했지만, 무슨 정신으로 사는지 깜빡할 때가 종종 있다. 오늘은 급식 생일상까지 받은 특별한 초일이가 있었다. 저녁에 외식도 한다니 내일은 또 행복한 후기로 아침부터 소란할 것이다. "우리 예쁜 초일이들, 생일 진심으로 축하하고, 태어나 줘서 정말정말 고마워요!"

유토로 만든 선물

초일이들의 활동 시간은 개인별 격차가 진짜 크다. 활동을 후다닥 먼저 끝내 놓은 친구들은 너무 심심하다. 게다가 코로나 때문에 쉬는 시간에도 거의 자기 자리를 지키고 앉아 있어야 하니 심심함이 배가 된다. 여유 시간이 생긴 친구들은 교실에 있는 책을 읽거나 종이접기, 그림 그리기 등 다양한 활동을 하는데, 그중에서 유토 인기가 제일 많다. 종이접기를 하든 그림을 그리든 만들기를 하든, 초일이들은 자기 작품을 와서 보여주기 바쁘다. 칭찬을 듣고 싶은 마음임을 알기에 아낌없는 리액션을 해 준다. 그런데 가만 보니, 칭찬을 듣기 위한 마음 외에 나에게 뭔가 주고 싶은 마음도 담겨 있어 늘 감동이다. 격한 리액션이 아깝지 않다.

담쌤의 깨알팁

아이들 '작품'은 일단 칭찬부터

아이들이 학교에서 만들어 집으로 가져온 작품을 보시면 어떤 기분이 드시나요? 물론 모든 작품이 마음에 들지는 않으실 겁니다. 솔직히 실망스러운 작품들도 있을 것이고요. 그래도 아이들에게 칭찬을 먼저 해 주시고, 아이들의 작품을 존중하는 마음으로 잠시 거실에라도 전시해 두었다가 처리해 주시면 어떨까요? 아이들이 학교에 와서 자기 작품이 쓰레기처럼 버려진 이야기를 할 때는 듣는 저도 너무 속상하답니다. 어떤 아이들은 작품을 집에 가져가라고 하면 "그냥 버리세요. 어차피 집에 가도 엄마가 바로 버려요."라고 말하기도 하거든요. 이것저것 물건들이 쌓이는 걸 피하고 싶은 그 마음은 십분 이해가 되지만, 아이들 작품은 완성도보다는 아이디어에 집중해서 봐 주세요. 관점을 바꾸면 아이들의 난해한 작품이 피카소의 작품 같은 의미를 던져 주기도 한답니다.

어찌 그걸 기억하고!

5장. 동심 '이토록 어여쁜 초일이들'

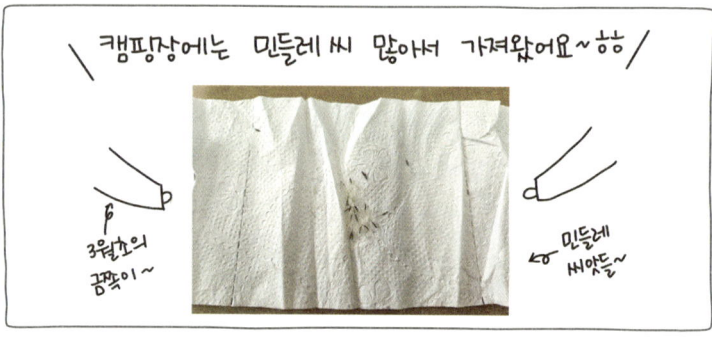

초일이들이 교실에 들어오면 전날 아이들이 만난 풍경도 함께 교실에 담긴다. 별의별 이야기들을 거침없이 쏟아 내는 귀여운 아이들. 그 이야기들 속에 때론 진한 감동도 같이 담겨, 듣고 있자면 흐뭇한 미소가 절로 번진다. 그런데 오늘은 전날의 풍경과 함께 얼마 전의 수업 상황이 같이 담겨 더더욱 큰 미소가 번졌다. 아이들의 일상에 학교생활의 일부가 함께 기억되는 것만으로도 참 감사한데, 아이들의 삶에 반영되고 있음이 느껴지면 형용할 수 없는 행복감이 쓰나미처럼 밀려온다.

모두 다 꽃이야

• • •

봄이 길지 않기에, 시간 나는 대로 봄을 찾아 맛보고 즐기러 아이들을 데리고 교정을 자주 걷는다. 학교 화단에 핀 꽃도 관찰하고 날이 지남에 따라 달라지는 화단 풍경도 즐긴다. 지난주에 본 꽃봉오리가 환하게 피어 있는 모습을 보면 초일이들의 얼굴에도 웃음꽃이 활짝 피어난다. 아이들은 정말 스펀지 같다는 생각을 오늘도 또 하게 되었다. '다 알아들을까?' 반신반의하며 가르쳐 준 내용이 아이들에게 잘 흡수되고 그것이 다시 나를 향해 배어 나온다. 교정에 울려 퍼지는 아이들의 노랫소리에 오늘도 진한 감동을 느꼈다. 우리 초일이들 모두 다 꽃이야! 세상 어떤 꽃보다 아름다운 꽃!

가끔은 스토커?

초일이들을 보고 있노라면 어르신들이 왜 어린아이를 보고 '똥강아지'라고 부르시는지 알 것 같다. 초일이들에게서 귀여운 강아지 모습이 많이 보이기 때문이다. 나만 바라보고 있고, 또 자기만 바라봐 주기를 바라는 초일이들. 아이들이 많다 보니 먼저 와서 재잘거리지 않는 아이들은 별도의 관찰 망원경을 가동해야 한다. 되도록 한 아이도 놓치지 않고 골고루 많이 봐 준다고 노력하는데 아이들은 더 많은 관심과 사랑을 바라는 경우가 많다. 강아지가 주인의 관심을 끌기 위해 끊임없이 장난감을 물어 오는 것처럼 한 얘기를 또 하고 또 하는 초일이도 있다. 그것도 강아지처럼 졸졸 쫓아다니면서 말이다. 어쩌면 그만큼 관심과 사랑이 필요하기 때문이리라. 부족한 사랑이나마 나눠 주는 행복을 느껴 본다.

얼마나 좋았으면 1

• • •

초일이들에게 가족 여행은, 몸은 학교에 있지만 마음은 이미 여행지를 향하게 하는 가슴 설렘 일등 공신이다. 여행 날짜가 확정되면 '몇 밤만 자면~' 하면서 매일매일 간절하게 손꼽아 기다린다. 학교에 있다 보면 체험 학습 신청서를 내고 평일 여행을 다니는 가족이 얼마나 부러운지…. 사람들이 많이 몰리는 주말과 방학을 피해 평일에 여행을 다닌다는 것은 듣기만 해도 참 낭만적이다. 여행 간다는 말에 설렘 가득할 나이가 이미 한창 지난 아이들과 사는 나는 이젠 가족 여행을 쉽게 꿈꾸지도 못하니 말이다. '우리 아이들도 초일이들처럼 저렇게 설레었을 텐데, 좀 더 부지런을 떨어 볼 것을…' 하며 한편으로 미안한 마음도 든다. 여행, 특히 가족 여행은 정말 때가 있는 것 같다. 다시 오지 않을 짧은 시간들을 아이들과 충분히 즐기시길, 그리고 아이들의 기억에 좋은 추억들 많이 담아 주시길 부모님들께 부탁드린다.

얼마나 좋았으면 2

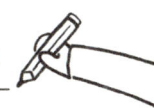

가끔 아이들이 불쑥 가지고 오는 아이템들로 한바탕 소란이 일어나는 경우가 있다. 보통 장난감이나 포켓몬 카드처럼 문제가 발생할 여지가 있는 물건은 아예 가지고 오지 못하게 한다. 지극히 개인적인 물건은 뭐라 말하기 어려우니 상황에 따라 조금씩 달라지기도 한다. 그런데 오늘은 참 애매하지만 정말 기발한 아이템이 등장했다. 안에 시계가 있었더라면 차라리 눈에 덜 띄었을 텐데. 시곗줄을 팔찌처럼 차고 왔으니, 그 자체로 '미완성의 묘미'가 느껴지는 아이템이었다. 멋으로 쓰는 '알 없는 안경' 같다고나 할까? 그것을 바라보는 아이들의 순수한 시선에 웃음이 절로 지어지는 순간이었다.

담쌤의 깨알팁

아이가 학교에 장난감을 가져가고 싶어한다면?

학교에는 장난감이나 너무 튀는 학용품은 가져가지 않게 해 주시길 부탁드립니다. 일단, 수업에 방해가 됨은 물론이고, 견물생심인지라 아이들이 남의 물건에 손을 대는 안타까운 상황이 벌어질 수도 있습니다. 유행하는 장난감에 욕심을 부리는 것은 당연하고, 가지고 있는 것을 자랑하고 싶은 욕구도 물론 이해됩니다. 하지만 유행은 잠깐 일다가 사라진다는 것 알고 계시지요? 유행을 함께 즐기는 것도 좋지만, '과유불급'이라는 말도 있듯이 너무 과한 소유는 자제할 수 있도록 지도해 주세요. 거기서부터 경제 교육이 시작될 수도 있습니다.

초일이들의 꿈

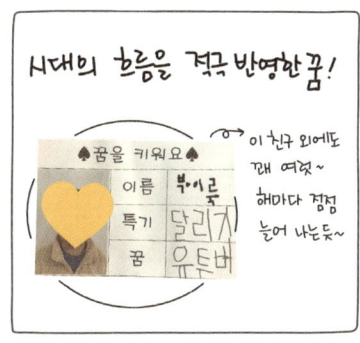

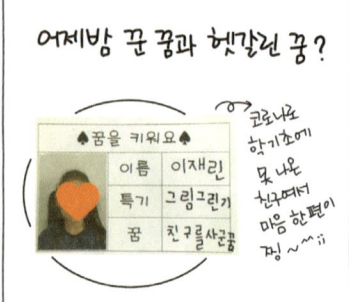
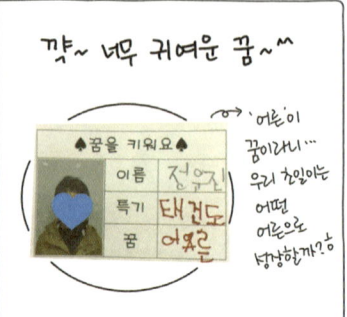
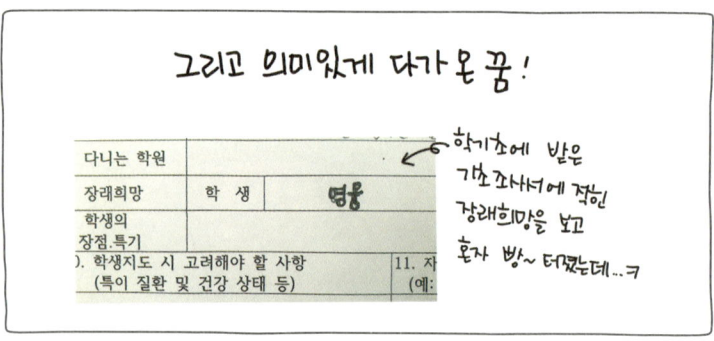
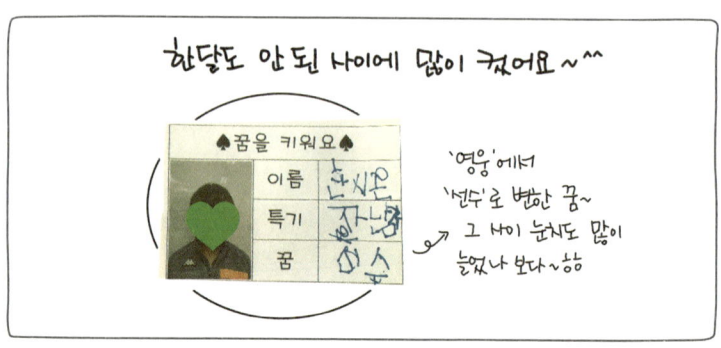

'꿈'이라는 말을 참 좋아한다. 한 글자의 단어인데 참 많은 것을 내포하고 있는 것 같아 오묘하다. 과거로부터의 경험, 현재의 도전, 미래의 희망 등 한 사람의 인생을 모두 담아 내니 특별한 단어임에 틀림이 없다. 초잎이에게는 무슨 꿈이든 얼마든지 꿀 수 있는 특별함이 있다. 그런데 그 특별한 능력이 시간이 지남에 따라 점차 사라지는 것 같아 안타깝다. 꿈이 '영웅'이라는 말은 처음이라 순수한 매력에 푹 빠졌었는데, 그새 눈치가 늘었는지 며칠 만에 꿈이 바뀌어서 한편으론 대견하면서도 한편으론 무척 아쉬웠다.

 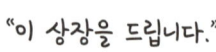
"이 상장을 드립니다."

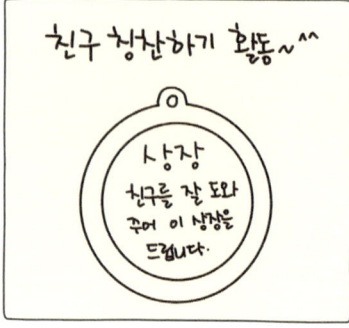

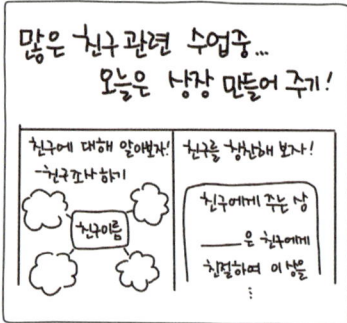

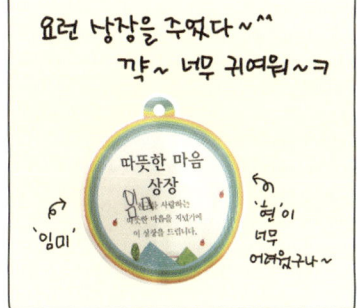

• • •

만난 지 아직 한 달도 안 된 친구들에게 칭찬하기 상장 만들어 주기는 조금 억지스러운 활동이 아닌가 싶었는데, 아이들은 그런 것과 상관없이 참 열심히 참여한다. 혹시나 하나도 못 받는 친구들이 생기는 슬픈 상황이 발생할까 싶어서 나 또한 열심히 아이들을 관찰하며 상장을 만들어 주었다. 아는 친구는 많지 않고 상장은 더 만들어 주고 싶은 초일이들의 시선은 곧잘 나를 향한다. 그리고 한 명이 시작하면 너도나도 상장을 만들어 가지고 온다. 칭찬은 고래도 춤추게 한다더니 초일이들이 건네주는 상장을 받으면 정말 행복하다. 이름을 잘못 적어도 말이다.

담쌤의 깨알팁

초일이의 친구 사귀기

아이들이 학교생활을 시작하면 교우 관계에 많은 관심이 생기시죠? 1학기 상담 주간에 가장 많이 듣는 말 중 하나가 "선생님, 우리 아이는 친한 친구가 별로 없는 것 같아 걱정이에요."입니다. 초일이들의 교우 관계는 대개 유치원에서 시작한 경우가 많고, 같은 학원에서 비롯되기도 합니다. 교실에서는 그 영역을 조금씩 넓히는 것을 배우지요. 입학한 지 한 달여 밖에 안 되었는데, 단짝 친구를 만들기는 어렵습니다. 그리고 반 아이들 모두와 단짝 친구가 될 수도 없습니다. 우리 아이가 반 아이들 모두와 친하게 지내는 '인싸'가 되길 바라는 마음은 충분히 이해됩니다. 하지만 부모님들 자신도 친구를 그렇게 쉽게 빨리 사귈 수 있는지 생각해 보면, 아마 그건 아닐 겁니다. 저 역시 마찬가지고요. 학교는 다양한 유형의 또래 친구들이 있다는 사실을 깨닫고 서로가 틀린 것이 아니라 다르다는 사실을 이해하고 배우는 곳입니다. 사람을 대하는 바른 자세를 익히고 실천할 수 있도록 도와주세요. 그러면 아이의 사회성은 절로 잘 발달하고 머지않아 누구나 가장 단짝 친구가 되고 싶어 하는 '인싸'가 될 것입니다.

  이빨 뽑은 무용담

• • •

유치가 빠지고 영구치가 나는 시기를 보내고 있는 초일이들. 주말 지내면서 이가 빠져서 '앞니 빠진 중강새'로 학교에 오는 경우도 있고, 학교에서 이가 빠지는 경우도 종종 있다. 지금 나이의 내겐 이가 빠진다는 것은 너무나도 끔찍한 일이라, 만약 이가 갑자기 흔들린다면 만사를 제쳐 놓고 치과로 달려갈 것이다. 하지만 이가 자주 빠지는 초일이들에게는 아무렇지 않은 일로 다가오나 보다. 초일이들은 자체적으로 그 문제를 해결하기도 한다. 그 대범함과 용기가 부럽기도 하고, 씩씩한 우리 초일이들이 기특하기만 하다.

담쌤의 깨알팁

· · · 초일이들의 구강 관리

이가 많이 흔들리는 경우 갑자기 이가 빠져도 당황하지 않고 잘 대처할 수 있도록 평소에 이야기를 많이 나눠 주세요. 우리나라에서는 빠진 이를 까치가 물어 간 다음 새 이를 가져오라고 지붕에 던지기도 했고, 어떤 나라에서는 베개 밑에 두고 자면 이빨 요정이 가져간다고 믿는다지요? 이렇게 이와 관련된 재미있는 이야기들을 나누면서 발치의 두려움을 없애 주시는 것도 좋겠습니다. 간혹 유치는 어차피 빠질 것이므로 관리에 신경을 쓰지 않는 경우가 있는데, 유치가 건강해야 영구치도 자리를 잘 잡고 건강하게 잘 자랄 수 있다고 하니, 수시로 살펴 주시고 양치도 잘 할 수 있도록 지도해 주시기 바랍니다. 참고로 유치는 앞니가 6~7세, 송곳니와 어금니는 9~12세 사이에 빠지는 것이 일반적이라고 합니다.

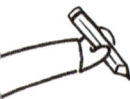 무거운 가방 속의 비밀

• • •

아직도 수북한 동전 무더기가 눈에 선하다. 얼마나 속상했으면 학교에 들고 왔을까? 그 마음은 십분 이해하지만, 동전 가방의 무게를 견디지 못해 어색한 걸음걸이와 너무나 진지했던 표정이 떠올라 자꾸만 실룩실룩 웃음이 난다. 오후에 어머님과 통화하면서도 둘이 한참 웃었다. 그 무거운 것을 학교에 가져갔을 거라고는 상상도 못하셨단다. 아이에게 절대 손대지 않을 것을 단단히 약속하고 집에 잘 보관하겠다고 하셨다. 초일이가 또 들고 오지 않도록 누나와 함께 약속을 잘 지켜 주시길. 한편, 이제 학교가 우리 초일이에게 어떤 면에서는 집보다 안전한 공간이라 느껴졌기 때문이라 생각하니 왠지 고마운 마음이 들기도 한다.

초일이는 발명가

종이접기를 기초부터 같이 알려 줘도 아이들마다 받아들이는 수준은 정말 극과 극이다. 손끝이 얼마나 야무진지, 내가 접은 것보다 더 예쁜 작품을 만들어 내는 초일이가 있는가 하면, 아무리 애를 써도 회복 불능의 작품을 만드는 초일이도 있다. 그래도 좋은 작품을 보면 욕심이 생기는지, 예쁜 작품이 탄생하면 '나도, 나도!' 바람이 순식간에 교실에 휘몰아친다. 그중에 꼼지락 초일이들은 저마다의 작품 제작에 열과 성을 다한다. 종이 한 장만 있어도 아주아주 재미있게 잘 노는 초일이들. 종이 한 장의 기적을 척척 만들어 내기도 하니, 그 순수함과 기발함에 절로 존경스런 마음까지 든다.

초일 본능

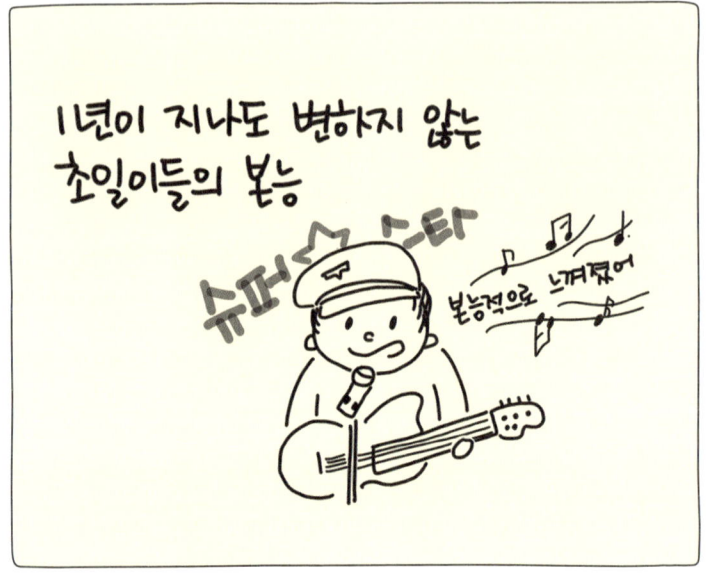

• • •

아기들은 누가 가르쳐주지 않아도 적당한 때가 되면 뒤집기를 하고, 배밀이를 하고, 엉금엉금 기다가 두 발로 서서 걷는다. 주변에 누가 몸으로 직접 보여주는 것이 아닌데, 그 작은 몸 어디에 그런 본능이 숨어 있는 건지 볼 때마다 너무 신기했다. 그런데 매년 초잎이들과 만나면서 그들에게만 있는 본능을 발견하고 또 적잖이 놀라고 신기해하고 있다. 유치원 7세 반에서는 잘 보이지 않는 본능들이 초잎이 때 나타나는 것도 신기하고 매년 같은 본능을 가진 초잎이들이 등장한다는 것도 참 신기하다. 어떤 본능은 잠깐 나타났다 사라지기도 하고, 어떤 본능은 몇 년 동안 지속되기도 한다. 〈본능적으로〉라는 노래가 갑자기 떠오른 걸 보면 나에게도 좀 희한한 초잎 샘 본능이 있나 싶다.

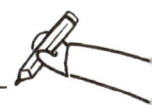

개미알과 송홧가루

오늘은 진짜 <초일이들의 합창>을 재미있게 시청한 날이다. 비가 와서 고인 물을 보고는 "얼마 전 친구가 물 쏟은 거"라고 하는 말을 듣고 빵 터졌는데, 소나무 수꽃을 보고 "이건 개미 알"이라니. 그런데 그 이야기를 또 너무도 진지하게 듣고 있는 초일이들을 보며, 잠시 시청자 모드로 빠져들어 짧은 드라마 한 편을 감상했다. 초일이들 아니었다면 보고도 무심히 지나칠 광경들. 덕분에 스마트폰으로 열혈 검색을 하며 소나무에 대한 지식 하나 더 얻었다. <초일이들의 합창>은 재미도 있고 새로운 정보도 주는 유익한 드라마다.

사진: 유태철 작가 l 출처: 국립생물자원관 한반도의 생물다양성 https://species.nibr.go.kr/species/speciesDetail.do?ktsn=120000059963

전지적 초일이 시점

초일이들의 시점은 늘 신선하고 기발하다. 가끔 아이들이 던진 말들을 떠올리면 자다가도 배시시 웃음이 난다. 초일이들은 그들만의 특별한 렌즈를 끼고 세상을 보는 것 같다. 그 렌즈가 나를 완벽한 교사로 만들어 주기도 하고, 지친 몸에 비타민 세례를 퍼부어 주기도 한다. 종종 그 시선의 끝에 내가 있음이 참으로 감사하다.

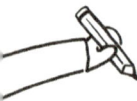

초일이들의 언어 세계

유치원에서 그렇게 배워 온 것도 아니고 초일이들만 보는 초일 TV가 있는 것도 아닌데, 초일이들만 사용하는 그들만의 언어가 존재한다. 분명 '비초일 인간'들과 공존하며 일반적인 공용어를 들으며 살고 있는데도 말이다. 음, 초일 세계는 정말 알면 알수록 신비한 세상이다. 이런 초일이의 신비한 세상에 잠시라도 함께 있다 올 수 있는 나는 정말 행운아가 아닌가 싶다.

6장. 코로나와 학교

"선생님도 코로나는 처음이에요."

'코로나'는 내게 학교에서 아이들을 만나는 일의 소중함을 새삼 깨닫게 해 준 사건이었다. 코로나가 일상의 많은 것들을 변화시키고 있는 가운데, 학교 역시 그 변화의 소용돌이에서 굳건할 수 없었다. 코로나는 결국 학교를 폐쇄하여 많은 사람들을 충격에 빠뜨렸고, 교육의 많은 문제점을 들춰냈다. 6·25 전쟁 중에도 천막으로 지은 가건물일지언정 학교가 유지되었다고 하는데, 눈에 보이지도 않는 초미세 바이러스에 의해 학교 역시 두 손을 든 것이다.

코로나 이후는 많은 것이 달라질 것이고 결코 이전의 상태로 돌아갈 수 없다고들 한다. 인류가 코로나를 기준으로 대격변의 시대를 맞이한 것이다. 학교 역시 코로나 이전과 이후의 모습은 사뭇 다르다. 코로나로 인해 제대로 된 등교를 못했던 학년을 특별하게 바라보는 시선까지 생겼다. '코로나 학년' 혹은 '코로나 키즈'라고 한다. 코로나로 인해 입학식은커녕 등교도 제대로 못한 아이들을 지칭하는 말이다.

나 역시 코로나가 번지던 시기에 생전 처음 겪어 보는 새로운 교직 생활을 다시 시작하였다. 얼굴도 모른 채, 온라인 수업 꾸러미를 만드느라고 수십 번 쓰고 오려 냈던 이름들로 아이들을 익혔다. '드라이브스루'라더니, 햄버거 가게 직원처럼 학부모님들 차창 안으로 수업 꾸러미들을 수없이 넘겨드렸던 추운 날들이 생각난다. 부모님을 따라와 자동차 뒷자석에 앉은 채, 마스크 때문인지 유난히 눈만 더욱 말똥말똥하던 초일이들과 나눈 어색한 인사도 떠오른다.

아이들이 없는 학교는 3월에도 겨울 같기만 했다. 아이들이 와야 비로소 봄이 오고 진정한 새 학기가 시작된다는 것을 깨달은 시간들이었다. 이제나 저제나 학교 문이 열릴까 고대하면서 그나마 온라인 개학이라도 감사했던 일들, 초일이들과 좌충우돌 원격 수업을 했던 일들, 긴급 돌봄과 원격 수업을 '반반치킨'처럼 병행했던 일들…. 코로나와 함께 한 학교생활들이 파노라마처럼 펼쳐진다.

초일이들과 코로나를 겪으면서, 코로나 시기의 한 해를 지나며, 찝찝하게 한 해를 마무리하면서 자주 떠올랐던 말이 있다. '벼는 농부의 발자국 소리를 들으며 자란다.' 직접 논을 오가며 기울이는 농부의 관심과 보살핌이 중요하다는 뜻일 것이다. 아이들도 마찬가지다. 매일 학교에 와서 담임선생님의 보살핌을 받아야 잘 자랄 수 있다.

네덜란드에서는 농부를 '초록 손가락'이라 부른다고 한다. 이 말은 식물을 잘 키우는 사람을 지칭하기도 하는데, 식물의 잎과 줄기를 많이 만져 주는 사람이 식물을 잘 키우기 때문이 아닐까 싶다. 우리 초일이들처럼 싱그럽고 아름다운 자연의 초록색 힘이 빨리 코로나를 물리치고 새로운 세상을 열어 주길 간절히 소망한다.

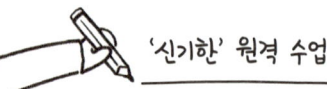

'신기한' 원격 수업

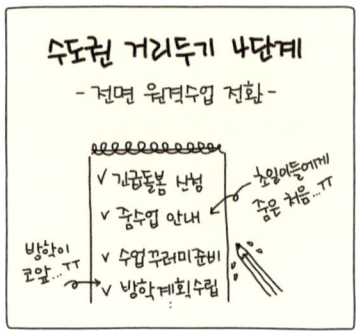

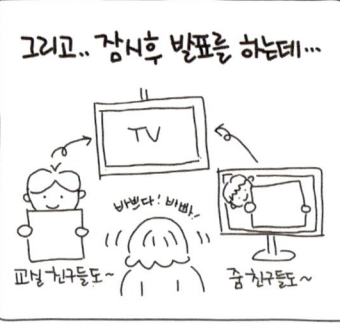

한동안 등교 수업이라 너무 좋았는데 갑자기 원격 수업으로 다시 전환되었다. 초일이들은 학교에 꼭 나와야 하는데, 너무 속상하다. 게다가 모두가 통으로 원격 수업에 들어가는 것도 아니고, 긴급 돌봄을 신청한 아이는 학교에서 수업을 해야 한다. 결국 교실에는 긴급 돌봄 아이들이, 줌에는 원격 수업 아이들이, 두 팀이 세트로 한 수업 속에 공존한다. 한 번은 교실 아이들과 한 번은 원격 수업 아이들과 눈을 맞춰야 한다. 이 정신없는 상황을 초일이들은 어떻게 볼까 궁금했는데, 역시 나만 잘하면 된다는 것을 다시금 깨달은 순간이었다.

 "선생님 배터리가 떨어졌어요!"

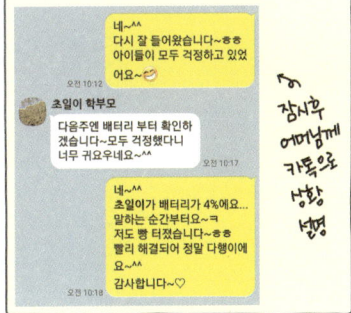

6장. 코로나와 학교 "선생님도 코로나는 처음이에요."

• • •

초일이들과 줌 수업을 하다 보니 생각지도 못했던 황당하고 재미난 일들이 벌어진다. 화면 속에 있는 아이들은 통제가 쉽지 않지만 그래도 수업에 지장이 있을 정도의 긴급 상황은 잘 벌어지지 않는다. 그런데 오늘은 통제고 뭐고 도저히 어떻게 할 수 없는 상황이 발생한 것이다. 모두가 한마음으로 초일이의 패드 배터리에 초집중했던 오늘 상황이 생각할수록 너무 웃기다.

줌 수업 때 흔한 일 - 학생 편

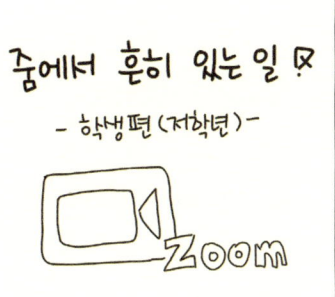

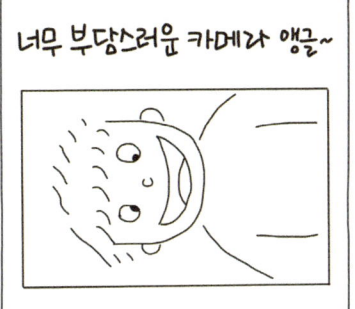

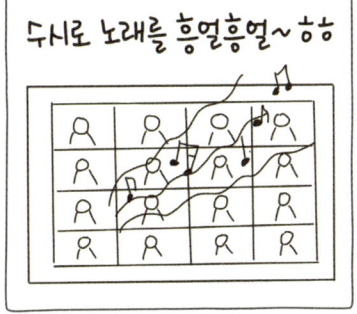

교실에서도 초1이의 성향에 따라 생활하는 모습이 천차만별인데, 줌에서도 마찬가지이다. 초1이 입장에서 생각해 보면 교실도 아니고, 작은 방에서 더 작은 화면을 마주보고 몇 시간을 버티는 것이 쉬운 일은 아닐 것이다. 교사 대상 연수도 자연스레 비대면으로 진행하는 것이 많아져 컴퓨터 앞의 망부석이 되는 순간들이 잦은데, 나 역시 집중해서 참여하기가 쉽지 않다. 고학년 아이들 중 일부는 화면도 켜지 않아 수업 진행 자체가 어렵다고들 하는데, 그나마 초1이들은 화면에 적극적으로 등장하니 그게 어딘가. 수업은 차치하고 잘 들어와서 앉아 있어 주는 것만으로도 대견하고 기특하다.

줌 수업 때 흔한 일 - 학부모 편

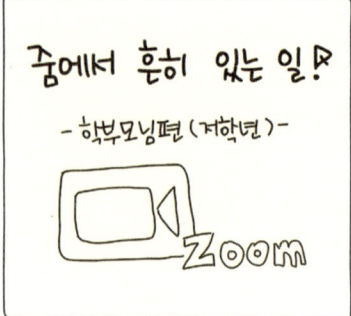

교단일기

● ● ●

천차만별 초일이들처럼, 줌 수업에 대처하는 학부모님들의 모습도 여러 가지다. 아이들이 방에서 스스로 수업을 들을 수 있도록 준비해 주시는 분들이 더 많으시지만, 일부 학부모님들은 아이 옆에 한 자리 차지하고 계시기도 하다. 학교 담 너머로 기웃기웃 동냥공부 하시던 열정 가득 옛 어른들의 마음은 아닐 텐데. 나름 다양한 이유로 수업에 함께 참여 혹은 참관을 하신다. (일부 학부모님들의 사례를 재미있게 그려 본 것이니 부디 오해는 없으시길)

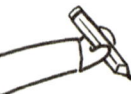 # 우여곡절 백신 접종

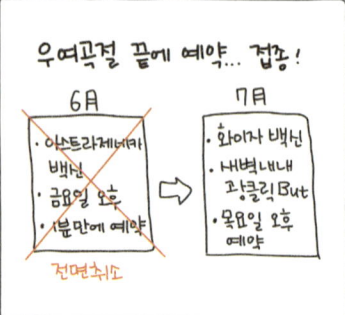

조기 백신 접종은 초임이 담임이라서 받은 유일한(?) 특혜이다. 백신 접종하고 나도 아프다는 소리가 여기저기서 들려와 살짝 겁도 났지만, 접종을 전혀 할 수 없는 초순수 초임이들에게 피해를 주지 않기 위해서는 그런 두려움은 버려야 했다. 백신 접종 앱을 깔고 개인 정보를 입력하니 '접종 대상자'라는 말이 뜬다. 호기심에 중학교 교사인 남편 개인 정보를 입력하니 그는 아니란다. 지구 멸망 내용의 재난영화에서 인류 멸망을 막기 위해 보호할 사람들을 선택해서 생존 티켓을 나눠주는 장면이 떠올라 기분이 묘했다. 무슨 단계가 이리도 많은지. 역시 살아남기 위해서는 고단하고 복잡한 과정을 거쳐야 한다. 욱신거리는 통증과 함께 두려움이 다시 스멀스멀 올라오지만, 아프다가도 학교에 가는 시간만 되면 말짱해지는 나의 이해불가 초인 체력을 믿어 보기로 한다.

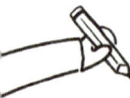

마스코와 구슬 지옥

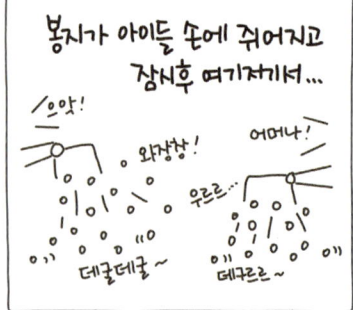

• • •

흡연 예방 교육 활동으로 'NO SMOKING' 글씨가 있는 마스크 스트랩 만들기 키트를 받았다. 언젠가부터 흡연 예방 교육이 강화되어 초등학교 저학년부터 여러 가지 형태의 교육을 받는다. 저학년은 아무래도 어려운 수업을 진행할 수 없으니, 대부분 만들기나 그리기 활동이 주를 이룬다. 웬만한 재료는 받아서 초이이 수업에 맞게 잘 해결하는데 이번 것은 생각보다 강력했다. 하루 종일 진땀 빼며 마스크 스트랩 26개를 완성하고 나니 이제는 구슬 지옥이다. 예상은 했지만 며칠간 계속 구슬 지옥 속에서 살아야 할 것이다. 그래도 우리 초이이들이 좋아하니 만족감은 뿜뿜이다.

 ## 진단 키트와 신박한 질문

• • •

진단 키트를 학교에 배부한다는 말을 듣고, 학교는 바짝 긴장 모드였다. 진단 키트가 개별 포장된 채로 오는 것이 아니라, 벌크 형태로 오는 거라고 들었기 때문이다. 그럼 누군가는 학교 전체 학급에 다시 배부해야 하고, 담임교사들은 그것을 아이들 수에 맞게 다시 포장해야 한다. 예상은 했지만 매일 오후 가내수공업 공장 가동이다. 단순노동은 반복할수록 요령과 속도가 붙는다. 우여곡절 끝에 포장한 진단 키트를 아이들 가방에 하나씩 넣어 줄 때는 뭔가 모를 뿌듯함이 올라오기도 했다. 집에 가서 제대로 잘할 수 있을까 걱정도 살짝 되었지만, '코로나 키즈'들이라 운명으로 잘 받아들일거라 생각했다. 그런데 초1이 학부모님께는 다소 낯선 상황일 수도 있었나 보다. 검사한 키트를 다시 학교에 보내야 한다고 생각하실 줄은 꿈에도 생각지 못했다. 초1이 학부모님들도 가끔 초1이처럼 귀여우시다.

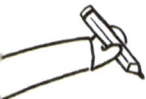# 확진자와 이중생활자

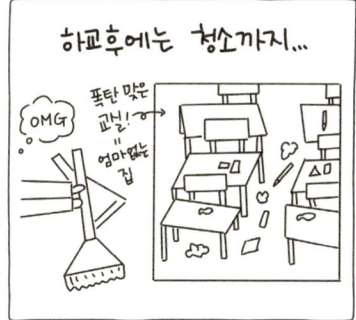

• • •

너무 힘든 한 주가 지났다. 옆반 선생님이 코로나 확진으로 학교에 나오지 못해서 열심히 우리 반과 옆 반을 왔다갔다 들락날락. 완전히 녹초가 되어서 글 한 줄 쓸 체력도 남아 있지 않은 것 같다. 초일 교실에 담임선생님이 없으면 '엄마 없는 집'이다. 갑자기 앤서니 브라운의 《돼지책》이 떠오른다. 그래, 서로 도우며 살아야지. 그래도 초일 샘은 진짜 아프면 안 되겠다.

코로나도 동심은 못 이기지요

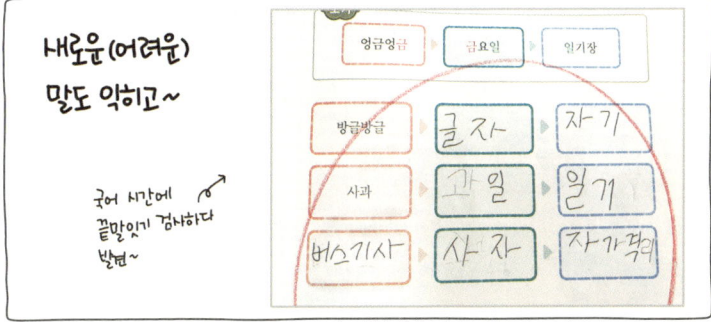

6장. 코로나와 학교 "선생님도 코로나는 처음이에요."

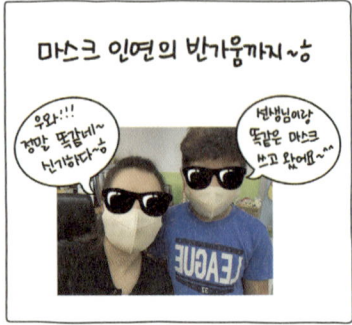

코로나가 이제 조금씩 삶에서 멀어지는 것 같은 느낌이 든다. 여전히 확진자가 많기는 하지만, 작년에 비하면 정말 많이 감사한 하루하루다. 코로나 상황에서 첫 학교생활을 하는 초1아이들을 보면서 짠하고 괜시리 미안해지는 순간이 많았다. 그래도 이 어려운 시기를 잘 보내고 있는 초1아이들. 가끔 당황스러운 순간을 만들기는 하지만 그래도 진짜 기특하다. 코로나가 아무리 강력하다 해도 초1아이들의 순수한 동심은 못 이기는 것 같다. 무엇인들 동심을 이기랴. 아니, 그 무엇으로부터인들 동심을 지켜 내지 않을 수 있으랴.

닫는 글_ 샛별 같은 초일이들이 더욱 빛날 수 있도록

"초일이? 책 이름이 '초일이'야?" 표지를 그린다고 주말 내내 태블릿을 붙들고 씨름하는 저를 보며 남편이 묻습니다. "응, 초일이. 너무 귀엽지?"

날마다 '초일이'라는 제목의 만화일기를 써 왔는데, 다른 이의 입을 통해 들으니 새롭게 다가옵니다. 출판사에서 교정 원고를 보내올 때마다 독자의 마음으로 처음부터 다시 읽었습니다. 그러다 보니 '초일이'라는 이름뿐만 아니라, 그 의미도 새롭게 느껴졌습니다.

'초일이는 샛별 같구나!' 마지막 장을 넘기며 생각했습니다. '샛별'은 금성의 다른 말로 '새벽 동쪽 하늘에서 반짝이는 별'을 이릅니다. 해 뜨기 전 맑은 새벽하늘에 밝게 빛나는 별, 아마도 그것은 사람의 일생에서 순수함이 가장 빛나는 시기, 바로 '초일이' 시절의 모습과도 같지 않을까요? 그 시기는 샛별처럼 아주 잠깐인 것 같습니다. 그것을 볼 수 있는 기회 또한 그리 많지 않습니다. 그런 면에서 저는 아주 운이 좋았습니다. 연달아 4년 동안 초일이들이 발하는 순수한 빛을 볼 수 있었으니 말이지요.

초등학생이 되어 일 년의 시간을 보내는 동안 초일이들은 폭풍 성장을 합니다. 순수한 빛을 아주 잃어버리는 것은 아니지만 그 자리에 학생다운 성숙함이 채워지며 다른 빛을 만들어 갑니다. 초일이들이 샛별처럼 빛나는 순간을 조금이나마 기록할 수 있어서 다행입니다.

한 권의 책으로 묶고 나니 좀 더 자세히 보고 더 많은 이야기를 담아 낼 것을 하는 아쉬움이 남기도 하지만 말입니다.

한편으로 '샛별'은 '장래에 큰 발전을 이룩할 만한 사람을 비유적으로 이르는 말'이기도 합니다. 이런 의미로도 초일이들이 샛별인 것은 틀림없는 것 같습니다. 말뜻처럼 우리 초일이들이 앞날을 환히 밝힐 인격들로 자라기 위해서는 무엇이 필요할까요? 많은 것들이 뒷받침되어야겠지만 가장 중요한 것은 따뜻한 사랑과 이해, 그리고 긍정과 지지가 아닐까 합니다. '자녀에게 부모는 코치가 아니라 응원단장이 되어야 한다'는 말이 있습니다. 이것저것 알려 주고 가르치려 애쓰기보다는 아이들이 할 수 있는 수준에서 열심히 도전하고 성장하도록 응원해 주는 것이 더 중요하다는 뜻이겠지요.

마냥 어리게만 느껴지던 초일이들이 가끔은 저를 '아니, 이런 생각을?' 혹은 '우아! 이런 행동을 하다니!'하고 놀라게 하는 순간들이 있습니다. 그럴 때면 그렇게 잘 자라서 학교에 들어와 준 것에 감사함을 느낍니다. 우리 초일이들은 부모님들이 생각하시는 것보다 훨씬 많은 능력과 가능성을 갖고 있답니다. '초등학생'이라는 새로운 삶을 시작하는 아이들이 잘할 수 있을지 걱정하는 마음은 충분히 이해됩니다. 하지만 그럴수록 더욱 코치 역할보다는 응원단장 역할에 집중하시면 어떨까요?

돌이켜 생각하니 저 또한 초일이들의 기특한 순간들에 더 많은 감사를 표현하지 못한 것이 아쉽습니다. 이 기회를 빌려 말해 주고 싶습니다. "우리 초일이들, 너무 고마워요!" 그리고 아이들을 잘 키워 학교에 보내 주신 학부모님들께도 감사드립니다. "잘 키워 주셔서 고맙습니다."

이제 '학부모'라는 새로운 이름으로 살게 되신 여러분, 그리고 아이들의 순수가 가장 빛나는 순간을 충분히 지켜보지 못하고 지나오신 초일 이후의 학부모님들, 학부모가 아니더라도 아이들의 학교생활이 궁금한 모든 분들! 신비한 초일이의 세계에 들어오신 것을 격하게 환영합니다. 어떤 별들보다 환하게 반짝이는 우리 초일이 샛별들을 함께 지켜보시지요. 그리고 초일이들의 앞날이 더 밝게 빛날 수 있도록 교사와 교직원을 비롯한 모든 교육공동체 성원들과 함께 응원해 주기로 해요.

부족한 저와 함께 첫 학교생활을 하면서 날마다 샛별을 보는 즐거움을 안겨 준 초일이들과, 저를 믿고 많은 지지를 보내 주신 학부모님들께 다시 한 번 진심으로 감사드립니다. 잠시 동안만 볼 수 있는 샛별들을 오래 두고 볼 수 있도록 책으로 엮어 주신 출판사 여러분께도 고마운 마음 전합니다.

방학 중의 빈 교실에서, 지은이가.

난 대게야! 선생님을 대게 좋아해!!